JN439030

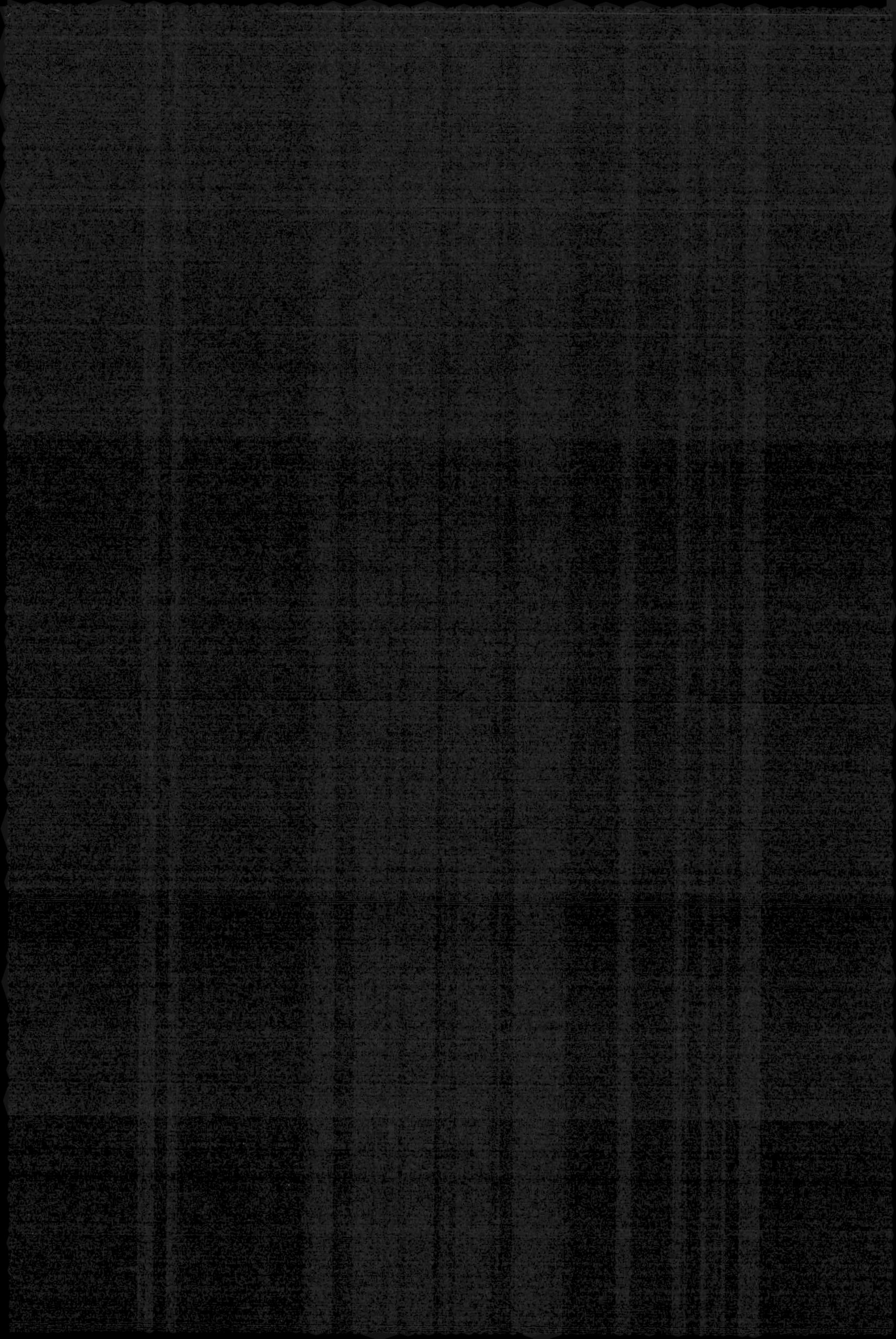

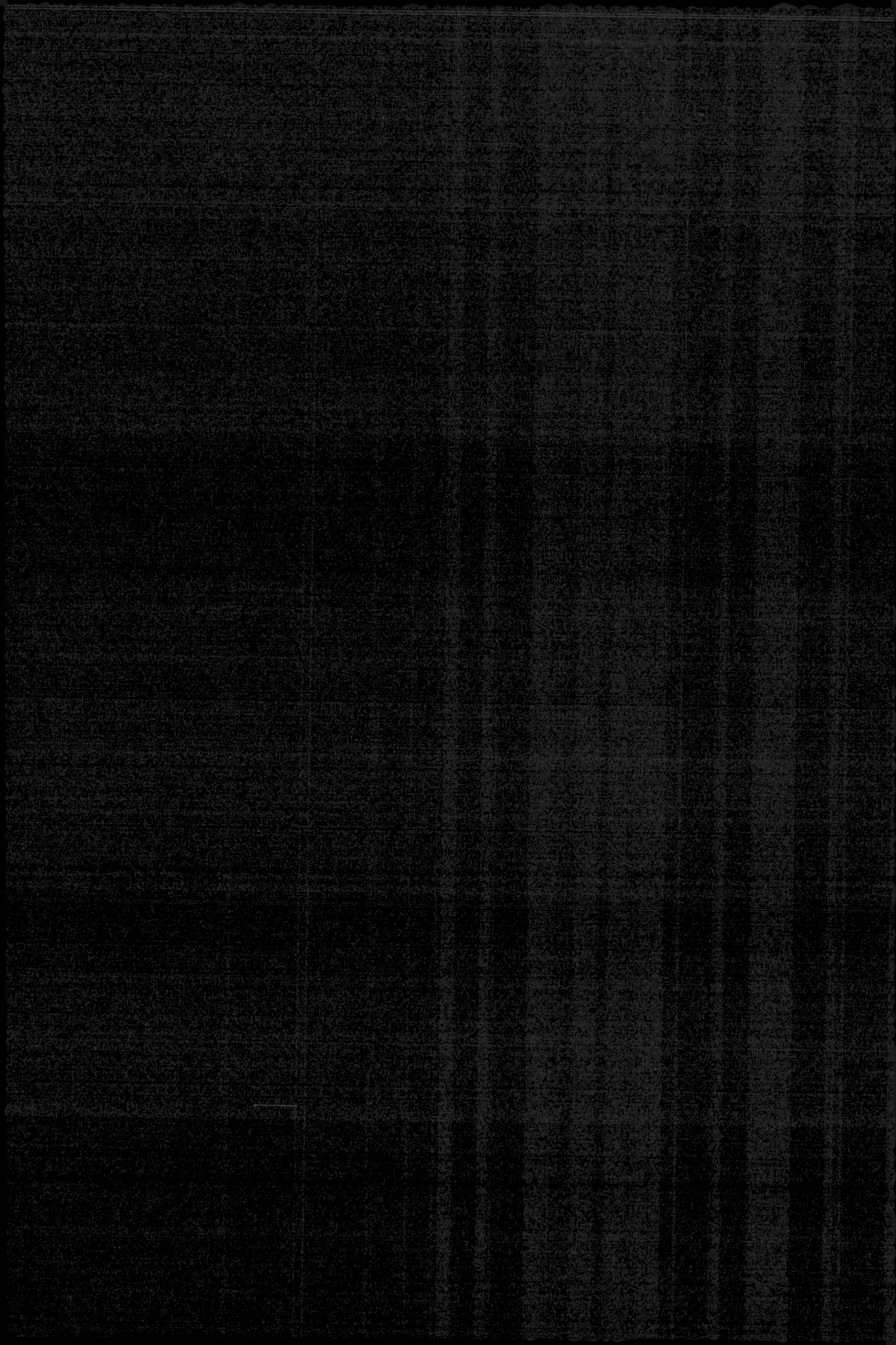

향기 나는 울타리

국립중앙도서관 출판예정도서목록(CIP)

향기 나는 울타리 : 임은수 에세이 / 지은이: 임은수. — 서
울 : 선우미디어, 2015
p. ; cm
표제관련정보: 세계일보 신춘문예 당선작가의 지성과 감성
에세이
ISBN 978-89-5658-418-8 03810 : ₩12000
한국 현대 수필[韓國現代隨筆]

814.7-KDC6
895.745-DDC23 CIP2015032872

향기 나는 울타리

1판 1쇄 발행 | 2015년 12월 25일

지은이 | 임은수
발행인 | 이선우
펴낸곳 | 도서출판 선우미디어
등록 | 1997. 8. 7 제305-2014-000020
02643 서울시 동대문구 장한로12길 40, 101동 203호
☎ 2272-3351, 3352 팩스: 2272-5540
sunwoome@hanmail.net

값 12,000원

※ 이 도서의 국립중앙도서관 출판시도서목록(CIP)은 서지정보유통지원시스템
홈페이지(http://seoji.nl.go.kr)와
국가자료공동목록시스템(http://www.nl.go.kr/kolisnet)에서 이용하실 수 있습니다.
(CIP제어번호:2015032872)

ISBN 978-89-5658-418-8 03810
ISBN 978-89-5658-422-5 05810(PDF)
ISBN 978-89-5658-423-2 05810(EPUB)

향기 나는 울타리

임은수 에세이

선우미디어

작가의 말

저의 어릴 적 첫 기억은 큰언니 선보는 장면입니다. 댓돌에는 낯선 고무신이 여러 켤레 놓여 있고, 안방 가득히 둘러앉은 어른들 사이에서 수줍어 고개를 들지 못하던 큰언니의 모습이 아직도 생생합니다.

네 살 어린아이 기억 속에 선명하게 찍힌 그림처럼, 정지된 화면을 찬찬히 풀어내는 작업이 제 글쓰기의 첫걸음이 되었습니다. 이제까지 그 일이 기억의 거름망에 남아 있는 조각들을 모아 되살리는 것이었다면, 앞으로는 또 다른 삶의 모습을 그리며 그 지평을 넓혀가는 일이 될 것 같습니다.

측백나무 산울타리 안쪽으로 여러 가지 다년생 화초가 자리 잡았습니다. 채 익지도 않은 연초록의 새콤한 열매를 한 알씩 따먹던 포도나무가 있고, 적황색의 꽃이 나비 모양으로 피던 골담초, 봄에 피는 황매화와 이른 가을을 알리던 상사화가 띠처럼 울타리를 따랐습니다. 한 잎만 따 넣어도 입안을 온통 화하게 하던 박하도 무더기로 자랐습니다. 꽃은 수수하지만 줄기나 잎을 살짝 건드리면 은은한 풀 향기가 울안에 퍼졌습니다.

그동안 많은 사람들의 사랑이 저를 키우고 지탱해 주었습니다. 묵묵히 지켜봐 주시는 양가 어른들, 같은 곳을 바라보는 친구와 고마운 이웃들. 그리고 어머니, 내 어머니! 스쳐지나간 모든 분까지 기억 속의 향기 나는 울타리처럼 온유합니다.

좋은 글을 많이 쓰고 싶다.

엷은 햇살, 은은한 그늘, 가느다란 바람, 잔잔한 풀냄새, 긴 바지랑대의 그림자, 기와지붕의 추녀 끝, 가지 끝에 남은 홍시 하나….

누군가에게 그만큼 만의 위무라도 될 수 있는 글을 쓰고 싶다.

–당선소감 중에서

그동안 여기저기 발표했던 글들을 정리하면서 행복했습니다. 글쓰기에 대한 저의 첫 마음을 담았던 세계일보 신춘문예 당선소감처럼, 제 글을 읽는 독자에게 빙그레 웃음 지을 수 있는 여유와 작은 위안이라도 줄 수 있다면 더 바랄게 없겠습니다.

이명재 교수님과 이웅재 교수님을 비롯한 〈이음새문학〉 선생님들께 진심으로 감사합니다. 제 삶의 근원인 가족에게도 고마움을 전합니다. 그리고 풍요롭고 아름다운 이 계절에 태어난 첫손자에게 작은 선물이 되었으면 좋겠습니다.

2015년 12월 햇살 밝은 날에

임은수

| 차례 |

Chapter 2

마음의 샘

Chapter 3

열차 안 풍경

Chapter 4

느티나무

Chapter 5

유행가를 만나다

Chapter 1

봄앓이

봄앓이

1

그가 왔습니다. 손을 내밀면 덥석 잡힐 듯 가까이 와 있습니다. 이제 어떤 명분으로도 그를 인정하지 않을 수 없습니다. 부득부득 다가서는 그를 더는 밀어낼 수가 없기 때문입니다. 벌써 오래 전부터 그에 대해 수없이 얘기했던 것은 그를 만나는 순간 푹 빠지고 말 것 같은 예감으로, 아마 그건 기다림의 전초 같은 것이었는지도 모르겠습니다.

그렇습니다. 그를 곁에다 두고도, 아니면 그 안에 파묻혀 있으면서도 자주자주 그를 그리워할 것 같은 생각이 드는 것은 잠시 머물다 떠나갈 덧없음을 이미 잘 알고 있기 때문입니다. 어느 날 문득 그가 사라지고 나면 다시 돌아올 때까지 긴 기다림이 시작되리라는 것을, 만남과 떠남과 재회의 그 끝없는 순환을 너무나 잘 알기에 애써 담담하고자 하는 것입니다.

거짓 없이 말하라면 나는 그가 좋습니다. 부드럽게 얼굴을 감싸고 목덜미를 간질이며 마음까지도 훈훈하게 어우르고 지나가는 저녁 바람과 신비로운 꽃향기, 그가 손 내미는 달콤한 유혹에 기꺼이 흔들립니다. 해마다 그 모든 것을 어김없이 가져오는, 그는 바로 내 생애 수도 없이 만나는 새봄입니다.

—새봄

2

아이가 학교에 가고 있습니다.

"얘야, 안개가 끼는 날은 날이 덥단다."

넌지시 일러주시는 어머니 말씀을 책가방 위에 얹어 놓고 아이는 부지런히 들길을 걸어갑니다. 그 길을 지나면 넓은 신작로가 나옵니다. 아이는 한눈 한 번 팔지 않고 제 앞의 길만 따라가지만 웬일인지 오늘은 진작 나타나야 할 신작로가 나오질 않습니다. 가도 가도 보이질 않습니다. 두터운 안개만이 점점 더 그 세력을 더하며 앞으로 뒤로 아이를 휘감습니다. 이맘쯤이면 멀리서 열차 지나가는 소리가 들려야 하는데 열차 소리도 들리지 않습니다.

'학교에 늦으면 안 되는데….'

마음이 급해진 아이가 부리나케 뛰기 시작합니다. 보이는 건 무섭게 덮쳐오는 안개와 아이 발밑으로 이어지는 작은 길뿐입니다. 길을 따라, 길을 따라 아이는 뛰고 있습니다. 길만 내려다보고 뛰어갑니다. 두 뺨이 화끈거리고 등에서 땀이 나기 시작합니다. 이마에 송골송골 맺힌 땀이 주르륵 흘러내립니다. 어느새 아이의 옷이 안개와 땀에 흥건히 젖어 버렸습니다.

아이에겐 이제 아무런 생각도 없습니다. 그냥 계속 뛰어서 앞으로 내닫기만 할 뿐입니다. 그때 시커먼 것이 불쑥 나타나서 아이의 팔을 냅다 잡아챕니다.

아이는 숨이 콱, 막혀서 천천히 아래부터 위를 향하여 눈길을 돌립니다.

"으아앙!"

갑자기 아이가 천둥 같은 소리로 울음을 터트렸습니다.

"이 녀석아! 여기가 어딘 줄 알고 뛰어드니! 뛰어들길…."

삽자루를 팽개치고 아이를 덥석 들쳐 안은 아이의 옆집 아저씨가 혀를 차며 중얼거립니다.

'네가 아무래도 안개에 홀린 모양이구나. 쯧쯧쯧.'

그곳은 아이의 키를 웃도는 물이 흐르는 수로 옆이었습니다. 그 수로 둑에서 방금 핀 버들개지가 기지개 켜는 것을 그들은 볼 수가 없습니다. 무섭도록 짙게 내리던 안개 속이었으니까요.

어쩌면 지금 당신도 안개 속을 헤매고 계시지는 않는지요.

—안개 낀 날의 삽화

3

그가 왔습니다. 그 옛날 까만 교복에 하얀 깃을 달고 다녔던 우리들의 황금시대에, 모자를 비스듬히 눌러쓰고 다니던 그 불량소년의 모습으로 찾아와서는, 슬쩍슬쩍 머리칼을 헝클어 놓는다든지 나들이 길까지 쫓아다니며 방해를 하는 통에 약이 바짝 올라 있습니다.

그는 내가 어떤 반응을 보이든지 아랑곳없다는 투로 제멋대로입니다. 게릴라처럼 느닷없이 나타나서는 상대방이 당황하는 모습이 재미있다는 듯이 빙글빙글 웃고만 있습니다.

한 대 쥐어박을 수도 없고 화를 내며 막무가내 쫓아낼 수도 없는 것은 그가 두려워서가 아닙니다. 우리들의 만남이 한두 해가 아닌 만큼 어느새 우리 사이도 잔정이 들어 조금은 임의로워진 까닭인지도 모르겠습니다.

그렇습니다. 그가 조금 짓궂고 때로는 엉뚱해서 우리를 약 오르고 혼란스럽게 하지만 본성까지 악하지 않음을 잘 알고 있습니다. 어쩌면 그는 유난히 마음이 여리기 때문에 겉으로만 강한 체 과장된 모습을 보이고 있는지도 모릅니다. 몇 번을 저렇게 우리 주변을 기웃거리다가 제풀에 지쳐 어디론가 사라지고 말 것이기 때문입니다.

어느 날 문득 자취도 없이 떠나버리면 나는 이내 그를 잊고 맙니다. 그러나 아주 잊은 것은 아니고 마음 한구석에 그를 조금 남겨둡니다. 꽃샘이라는 예쁜 이름을 가진 그는 미워할 수 없는 오랜 친구이기도 하니까요.

—꽃샘추위

4

너무 맑은 하늘을 보면 심술이 나서 막 어깃장을 놓고 싶어질 때가 있습니다. 말하자면 눈이 부셔야 할 이 삼월 막바지에 벌써부터 그에 대해 조금씩 멀미가 나기 시작한 것이지요. 아마 너무 일찍부터 그를 기다려 왔던 까닭인가 싶습니다.

보이는 세계와 보이지 않는 세계까지 유유히 장악하고 있음을 아무도 부인할 수 없는 지금, 활기 넘치는 그의 기운 한복판에 서서 왜 나는 그에게 등을 대고 모른 체하고 싶은 것일까요. 그가 나만 향해 서 있지 않듯이, 나 또한 그만 향해 서 있을 수 없는 안타까움이 차라리 그를 멀리하고 싶게 만드는 것인지도 모를 일이지요.

돌이켜보니 설만 지나면 금방이라도 그가 찾아올 듯이 그리도 가슴 설레며 조급증을 냈는지 모르겠습니다. 잡을 수도 만질 수도 없지만 분명히 살아 움직이는, 그 거대한 힘에 대한 동경 때문이었을까요. 아니면 여기저기 잠복해 있던 방해꾼들을 얼굴 한 번 붉히지 않고 멋지게 제압해 나가는 그의 감춰진 슬기를 따르고 싶었기 때문일까요. 일일이 찾아내어 되풀이하지 않아도 그의 덕목은 이루 헤아릴 수 없이 많음을 잘 알고 있습니다.

그러나 햇살 비켜간 뒤안길에는 아직도 옷깃을 단단히 여며야 하는 손 시림이 있다는 것을 그는 알고 있을까요. 그래서 햇살과 폭우와 광풍까지 한꺼번에 데려와, 가는 길이 사람의 길과 별반 다르지 않다고 가르쳐 주는가 봅니다.

나누고 싶어도 받아들이지 못하는 가슴을 대신해 짐짓 고개를 돌리고 그가 좀 더 가까이 다가오기를 기다립니다. 돌아서서, 이대로 돌아서서 조금만 더 그를 기다려 보려고요. 그가 내 앞에 와 있다 해도 보이지 않고 들리지도 않는, 봄이라기엔 아직 마음이 추운 걸요.

—봄날의 상념

5

오늘 비로소 그를 정면으로 만났습니다. 혼자 기다리고, 밀어내고, 안타까워하기를 적지 않게 되풀이하다가 지쳐 돌아서고 보니 바로 앞에서 그가 날 기다리고 있었습니다. 자주 토라지고 비껴가려고만 하는 나를 타이르기라도 하듯 빙긋이 웃으며 서 있는 그를 만나서 엉겁결에 덥석 손을 잡고 말았습니다.

노래를 정말 잘하는 한 중년 가수의 콘서트에서 함께 박수를 치고 발장단을 맞추며, 때로 함성도 지르는 동안 아주 가까이 그를 느낄 수 있었습니다. 조금 얼굴이 화끈거리기는 했지만 조금도 그가 어색하지 않았습니다.

물론 한 잔의 붉은 포도주 때문이라고는 해도, 이미 그와의 만남은 생애 이전부터 수도 없이 되풀이되고 있었기 때문입니다. 그러면서도 우리의 만남은 늘 새 얼굴 새 모습으로 시작하는 첫 만남이기에, 그 한순간 한순간이 쌓인 몇 겹의 간격을 뛰어넘는 일이 쉽지 않던 것입니다.

그는 잠시 머물다 또 훌쩍 다른 얼굴을 하고 사라질 테지만 함께하는 동안은 결코 소홀하지 않을 작정입니다. 그가 귀한 줄을 늦은 나이가 되어서야 겨우 알게 되었으니까요.

아아, 봄이라니요. 더욱이나 기분 좋은 밤에 만나는 봄이라니요. 오늘은 올 들어 처음 만난 그가 내게 생기를 불러일으킵니다.

—봄과의 해후

6

그들이 왔습니다. 아무도 눈치 채지 못하게 발맘발맘 다가와 삽시간에 온 산을 휘감아 일렁이고 있습니다. 가까이 가면 데일 것 같은 화기를 차창을 통하여 슬쩍 훔쳐보았을 뿐인데 왜 이토록 홧홧거리며 숨이 차오르는 것일까요. 그들의 강렬한 눈빛에 나도 모르게 터지던 우와, 하는 탄성이 잘못이었을까요?

시샘으로 눈이 어둔 황사의 불순한 기미를 진작 알아챘어야 하는 건데, 아무래도 그 바람에 불씨 한 점이 내 안에 옮겨 온 듯합니다. 차츰차츰 열이 오르기 시작합니다. 아니, 그런 기운은 벌써 며칠 전부터 시작된 것입니다. 약간의 열감으로 어지럼증 비슷한 것을 느끼긴 했지만 봄과의 첫 만남으로 설레는 바람에 잊어버렸던 것입니다. 그러던 것이 그만 불씨 하나로 신열이 납니다.

아하, 그렇습니다. 지금 그들의 포옹에 뒤덮여 있는 저 산들도 사실은 봄앓이로 신열에 들떠 있는 것입니다. 그래서 가까이 가면 얼굴이 화끈하니 달아올랐던 모양입니다.

난들 어쩌겠습니까. 기꺼이 봄앓이를 자청하겠습니다. 온 산에 그들, 진달래 그득하고 내 안에 불꽃이 일고 있지만 곧 진정이 되리라 믿고 있습니다. 산이 그들의 불길에 꿈쩍도 않듯이 나도 씩씩하게 이 봄을 걸어갈 것이니까요.

—온 산에 진달래

꽃과 술
그리고
나비가 있는 추억

"봄이 왔구나!"

볕이 따사로운 날 바깥마당에서 빨래를 너시던 어머니는 들판 멀리 고물거리며 지나가는 기차를 바라보며 혼잣소리를 하셨다.

"엄마! 봄이 어디 있는데?"

"어디 있기는, 온 천지가 다 봄이구먼!"

온 천지가 다 봄이라는데 아무리 둘러보아도 내겐 봄이 보이지 않았다. 금방 벌판 끝에서 미끄러지듯 사라져간 기차가 다 싣고 가버렸을까. 양지바른 곳에 바짝 엎드려 노란 알갱이가 모여 피던 꽃다지거나, 물기 촉촉한 땅에 뾰족이 내밀던 파릇한 미나리 싹으로는 아직 내게 봄이 아니었다. 그때까지는 어딘가에 동장군의 입김이 숨어 있다가 옷깃이고 목덜미에 찬 기운을 호되게 불어대던 것이다.

몇 살이었는지도 모를 내 어린 날의 봄은 그렇게 형체도 없이 찾아왔지만 얼마간의 시간이 지나면 내게도 실감나게 봄이 보였다. 바로 마을 뒷산을 온통 붉게 뒤덮던 진달래꽃 때문이다. 보인다고 해서 봄이라고 누가 그랬나. 나무를 하러 간 동네 어른들이 지고 오는 바지개(발채) 위에 높이 꽂혀 있는 분홍빛 진달래를 보면 그때서야 나도 어머니처럼 "봄이 왔구나!" 하며 고개를 끄덕였다. 그래선지 어릴 때는 한동안 봄이 산에서 오는 줄 알았다.

그 꽃잎 따라 나비가 날아왔던가. 아니면 그 전에 들꽃 위를 날아다니던 노란나비 흰나비를 먼저 만났던가. 바람에 봄기운이 돌면 여기저기서 나비가 날아다녔다. 어른들 말씀이 노란나비를 먼저 보면 그해 예쁜 옷을 얻어 입고, 하얀 나비를 먼저 보면 엄마 아버지가 돌아가신다고 했다. 색에서 오는 이미지 때문이었겠지만 이런 속신(俗信) 때문에 봄이 왔는데 흰나비를 맨 먼저 보게 되면 여간 근심이 아니었다. 운 좋게 노란나비를 처음 보는 날은 마음이 한껏 부풀어 밥상머리에서 식구들에게 자랑하곤 했더랬다.

한 가지 낭패스런 일이 있었는데 그것은 노란나비 흰나비도 아닌 뱀을 먼저 보게 되는 경우다. 봄에 뱀을 제일 먼저 보면 게을러진다고 어른들은 질색을 하셨고 덩달아 아이들도 시무룩하니 풀이 죽곤 하였다. 어떤 근거로 그런 말이 있는지 모르겠지만 아마도 봄에 새싹이나 작은 꽃들보다 나오는 순서가 뱀이 늦기 때문은 아닐까 싶다. 그와는 달리 삼월 삼짇날에 뱀을 보면 길하다는 사람도 있었다. 그렇지만 우리는 그런 계절 점은 얼마 안 가 다 잊어버리고 집 근처 언덕이나 앞들을 누비며 봄볕에 얼굴이 새카맣게 타도록 놀았다.

야트막한 동네 뒷산이 진달래 꽃동산으로 바뀌면 어머니는 그 꽃잎을 따다가 술을 담그셨다. 둥그런 맷방석을 펴고 시루에 찐 고두밥을 넓게 펼친 다음 그 위에 누룩가루를 얹어 골고루 섞는다. 지에밥이 식는 동안 꼬들꼬들한 밥알을 조금씩 입에 넣고 씹으면 고소한 맛이 금세 입안에 그득해진다. 그 맛있는 술밥이 거친 누룩가루와 섞이기 전에 한 움큼이라도 더 집어내려고 언니와 나의 손은 엄마보다 재바르게 움직였다.

하얀 밥알에 불그레한 누룩이 섞이는 것을 보는 딸들의 아쉬움을 아는지 모르는지, 어머니께서는 골고루 섞인 술밑을 꽃술 뗀 진달래꽃과 켜켜로 오지항아리에 눌러 담은 뒤 앞마당 사립문 앞에 묻어 두셨다. 아마 숙성에 필요한 온도를 일정하게 유지하기 위해서였겠지만, 오며가며 사람이 밟아줘야 약효가 좋다고 하였다. 그렇게 담근 것을 잘 익은 뒤에 용수를 박아 걸러내면 맑은 술이 되는데, 말갛고 선명한 분홍으로 그 빛깔이 여간 곱지 않았다. 그 고운 빛 속에는 어린 딸의 고두밥에 대한 미련도 한 모금 깃들였을지 모른다.

어느 해였다. 어머니는 잘 빚어진 술을 떠서 한 되들이 유리병에 나누어 채우고, 모주를 거르지 않은 항아리에 맑은 물을 더 부어두셨다. 며칠 뒤에 재차 거른 술은 빛깔이 엷어지기는 했어도 맛이 괜찮았던 모양이다. 그러기를 두어 차례 더 하셨다. 어머니와 이웃 아주머니들은 그게 그리 신기했는지 한 잔씩 나누어 드시며, '저 항아리는 화수분'인가 보다고 즐거워하셨다.

끝까지 우려내어 술기운이 얼마 남아 있지도 않을 지게미가 항아리에서 다 치워지기 전에 술 조사가 나왔다. 세무서에서 밀주 단속을 나온 것이다. 그 시절에는 관(官)에서 누가 나오면 저승사자라도 뜬 것처럼 두려워했다. 일제 강점기 순사에 대한 감정이 어른들 마음속에 남아 있었나 보다. 특히 산림 감시원이나 밀주 단속반이 나오면 온 동네가 공포 분위기에 휩싸였다. 우리 집에 술이 있는 것을 알고 있는 이웃이 뛰어와 그 소식을 전했다. 유리병에 담긴 술은 일찌감치 뒤란 잣나무 아래 묻어 둔 큰독에 넣은 뒤 흙으로 덮고, 그 위에 채소 몇 포기를 심어 놓아 안심이지만 항아리에 남은 술지게미가 문제였다.

당황한 어머니는 어찌할 바를 모르다가 얼른 소금을 한 바가지 퍼서 술지게미 위에 수북이 덮고 바가지를 엎어 놓으셨다. 어머니가 헛간에서 나와 마루에 미처 오르기도 전에 밀주 단속원이 들이닥쳤다. 어디선가 이웃 사람이 우리 집에 뛰어오는 것을 보고 쫓아왔을 터였다. 나는 그가 집안 곳곳을 뒤지고 마지막으로 헛간에 들어가 바가지를 들어 올릴 때 하마터면 외마디 소리라도 지를 뻔하였다. 소금 항아리로 변한 술 항아리를 뒤로하고 밀주 단속원이 나가자 우리는 집안이 떠나갈 듯 안도의 웃음을 터트렸다.

아뿔싸!

웃음소리에 사립문을 나섰던 그 사람이 다시 돌아왔을 때는 어찔하니 내 얼굴에서 핏기가 사라지는 것 같았다. 들키면 어쩌나 맘을 졸이며 우리는 입도 한 번 못 떼고 그가 하는 대로 지켜보고만 있었다. 다행히 광이며 헛간을 재차 돌아보고 돌아보았지만 그에게는 말짱 헛일이 되어버렸다. 결국 '심증은 있으나 물증이 없던'고로 그는 다시 돌아나갈 수밖에 없었다. 고개를 갸웃거리며 사립문을 나서는 그의 어깨 위로 나비 한 쌍이 하롱하롱 따라나섰다.

너희가
나를 웃게 하고

조금 늦은 듯싶게 벚꽃이며 목련이 한꺼번에 피어대더니 벌써 바람에 꽃잎이 흩날린다. 꽃이 지면 잎이 자라고 열매도 맺을 테니 너무 섭섭해 할 일은 아니다. 지난해 슬쩍 맛보았던 농사일에 풋사랑처럼 빠진 내가 얼마나 기다리던 봄이었나.

작년에 스무 평 남짓한 밭뙈기를 일궈 주말마다 농사를 짓다가 잠시 농한기에 든 나는, 하루가 텅 빈 것처럼 알 수 없는 허전감에 하루빨리 봄이 오기를 기다렸다. 옛날 내 고향 어른들은 농한기라고 해서 마냥 손 놓고 지내지는 않으셨다. 틈이 나는 대로 짚으로 새끼를 꼬기도 하고 자리나 방석을 엮으셨는데, 나 역시 올 농사를 위해서 뭐라도 해야 할 것 같아서 새해 벽두부터 다이어리를 펼쳐 놓고 수시로 농사 계획을 세우곤 하였다.

심고 싶은 농작물을 정해 놓고, 심을 시기와 수확할 때를 인터넷에서 찾아 월별로 적는다. 상추나 고추 등 기본 작물에서부터 시작해, 가장 늦게 심을 양파까지 스무 가지가 넘는다. 봄이 오면 점점 그 수효가 늘어나리라는 것은 어렵지 않은 예측이다. 주말농장을 한다고 하니 주변에서 이것저것 모종이나 씨앗을 나누어 주는 사람이 많기 때문이다. 무 배추를 비롯한 일반적인 채소부터 구절초나 민들레 같은 야생초까지, 특히 몸에 좋다는 작물은 어찌 그리 많은지 당귀나 고들빼기 포기들을 아낌없이 나누어 준다. 구하기 어렵다는 고수풀의 씨앗까지 얻을 수가 있었다.

다행히 가까운 사람이 오래 전부터 농사일을 해서 모르는 일이 있을 때마다 전화로 물어본다. 그도 역시 처음에는 여러 번의 시행착오를 거쳐 얻어졌을 노하우를 아낌없이 전수해 준다. 그럴 때마다 한 15년쯤 전에 경기도 파주에서 주말 농사를 지었던 때가 떠오른다.

한 모임에서 파주가 고향인 사람으로부터 선친께 물려받은 밭이 놀고 있다는 얘기를 들었다. 마침 그 자리에 있던 세 부부가 함께 주말농장을 해보자고 의기투합해 겁도 없이 농사일에 덤벼들었다. 서울 상계동에서 파주까지 가는 시간만 해도 거의 한 시간이 걸리는 데다, 남자들은 사회에서 한창 바쁘게 활동할 시기여서 주말마다 농사지으러 간다는 게 쉬운 처지는 아니었다. 그럼에도 불구하고 그 해에 우리들은 참으로 열심히 파주에 다녔다.

5월쯤이었을까. 조금 늦게 시작된 우리들의 첫 농사일은 땅을 파고 이랑을 만드는 일이었다. 여섯 사람 모두 시골에서 태어났지만 직접 농사를 지어본 경험이 없어서 여자들은 물론 남자들도 일손이 서투르기는 매한가지였다. 흙을 파서 엎고 두둑을 만드는 일이 만만하질 않았다. 서로 높거니 낮거니 의견이 나뉘다가도, 그게 또 그렇게 우습다고 한바탕 껄껄대다가 다시 일을 시작하곤 하였다. 그렇게 시작된 웃음은 그해 가을배추를 심고 거둘 때까지 계속되었다.

밭고랑에만 서면 그냥 웃음이 났다. 씨앗 크기보다 열 배도 넘는 흙덩이를 들어 올리고 뾰조록이 얼굴을 내민 새싹이 어쩌면 이리 예쁘냐고 웃고, 옮겨 심은 모종이 뿌리내려서 잘 자라는 게 신통해서 웃었다. 가늘고 긴 시금치 떡잎을 보고 "저기, 저 코스모스 같은 거는 뭐냐?"고 물어서 허리가 끊어지게 웃기도 하였다. 대수롭지 않은 말 한마디, 몸짓 하나, 심어 놓은 콩을 까치가 파먹은 것까지 재미있기만 하였다. 그때만 해도 좀 더 젊었기 때문에 그렇게 많이 웃었던가. 어쩌면 흙을 만지다 보니 도시 생활에 메말랐던 마음이 저절로 사라지고 한껏 웃을 수 있는 여유가 생겼나 보다.

언제부턴지 우리가 그곳에 가면 동네 어른들이 한두 분씩 밭둑에 나와서 일손이 서툰 우리에게 훈수를 두셨다. 밭둑에 서 있는 감나무의 푸른 잎 사이로 비치는 햇살에, 하얀 은발이 보기 좋게 반짝이던 안노인들이다. 밭이 동네 초입에 있어서 마을 안으로 들어가는 길목이기도 하였고, 무엇보다 동네 어른들께는 우리의 등장이 작은 관심사가 되었던 모양이다.

"아이고! 고추를 그렇게 비게(배게) 심으면 위로만 커서 고추가 안 열려!"

"자네들은 무슨 재미가 그렇게 좋아서 맨날 웃는 겐가!"

"저어기, 우리 밭에 가서 상추 뜯어 가. 상추 포기가 배추 같아. 저렇게 잘 컸어도 언놈 하나 먹을 놈이 있어야지."

젊은이들이 떠난 마을에는 붉고 푸른 상추가 탐스럽게 자라서 꽃구름처럼 밭을 덮고 있어도 뜯어다 먹을 사람이 별로 없던가 보았다. 부지런한 어른들이 작은 공간만 있어도 땅을 놀리지 않고 무어라도 심으니, 상추 같은 푸성귀는 집집마다 흔하기도 하였다. 어쩌다가 한 주라도 거르고 가는 날이면 어느새 어른들이 쫓아나와 이런저런 얘기로 우리를 반갑게 맞아주셨다.

"지난주에는 왜 안 왔나. 저어짝에 열린 호박은 좀 늙었것다. 조기, 조오짝에 열린 거는 오늘 따 가면 먹기 좋을 게야."

어른들은 넝쿨 속에 숨어 자라는 애호박 하나라도 눈여겨 두었다가 우리에게 일러주시곤 하였다. 이제 와 생각하니, 언제나 정답게 맞아주시던 그분들이 있어 우리들의 파주행이 더 즐거웠을 거라는 생각이 든다.

집안일을 하다가도 밭에서 자라는 푸른 것들을 생각하면 자꾸 궁금하고 보고 싶어진다. 첫사랑에 빠지면 이렇게 보고 싶고 궁금할 거나. 저 늙는 줄 모르고 곗돈 탈 날만 기다린다더니, 밭에 가고 싶어 못 견디게 기다리던 이 봄! 웃음을 심듯이 씨앗을 뿌리고 잘 가꾸다보면 그 옛날처럼 저들이 나를 하냥 웃게 하겠지?

마음에 내리는 비

비가 온다. 비와 함께 꽃잎이 진다. 화사한 모습으로 온 세상을 밝게 하던 벚꽃도 지고 대신 파릇한 나뭇잎을 밀어낸다. 꽃이 지는 것은 아깝지만 비에 젖은 푸른 잎은 더 힘이 있고 아름답다. 너무 오래간만에 내리는 비라서 그런지 떨어지는 빗방울까지 예쁘고 고맙다. 어쩌면 메마른 대지뿐만 아니라 건조해진 사람의 정서까지도 촉촉하게 적셔준다는 생각이 들어서 더 고맙고 아름답게 보이나 보다.

비가 오는 날은 생각이 많아져서 밀린 숙제를 하듯 마음에 쌓인 것들을 풀어내기 좋은 날이다. 날마다 쫓기듯이 시간을 보내다 모처럼 느긋하게 라디오를 켜고 좋아하는 음악을 듣는다. 옛날에 많이 듣던 음악이라도 나오면 정말 반갑다. 세월이 가도 음악이 주는 그 느낌은 여전하다.

이것저것 뒤적이다가 묵은 일기장을 넘긴다. 일기라고는 해도 징검다리 일기다. 제대로 쓴 날보다 건너뛴 날이 훨씬 더 많기 때문이다. 그래도 십 대에 시작해서 지금까지도 완전히 맥을 놓은 것은 아니니 그것은 내 생활의 일부이다.

청년시절을 건너와서는 아이들에 대한 것이 많은 부분을 차지하지만 생활의 단상이나 쓰다만 편지, 혹은 그날의 지출내역, 어느 날은 가정행사에 필요한 예산을 세워 놓은 것도 적혀 있다. 가까운 사람에 대한 섭섭함도 들어 있고 기쁨에 차서 신(神)께 감사하는 장도 있다. 소소한 일상의 빛과 그늘이 교차되면서 잔잔하게 내 삶의 무늬를 이룬다.

단순히 그날 있었던 생활사보다는 감상만을 적어 놓은 것이 많아서, 어떤 것은 그때 무슨 일이 있었기에 이런 글을 썼을까 알 수 없는 것도 있다. 그래도 한 장 한 장 넘기다 보면 그때그때의 절박했던 마음자리를 엿보게 된다. 지나간 일이지만 지금까지도 가슴을 찡하게 하는 이야기가 있는가 하면, '맞아, 그때 그런 일이 있었지.' 하며 미소를 띠게 하는 일도 남아 있다.

그중에는 마치 구호 같은 글이 쓰여 있는 날도 많아서 무척 도전적으로 내 삶을 일구어 왔구나 하는 생각이 든다.

새로운 날의 시작.
오늘의 이름을 그렇게 부르자.
잠들었던 감성을 일깨우고 높고
푸르게 날아오르자.
더 많은 것을 볼 수 있게.
내 실핏줄을 따라
의욕이 온몸을 깨우고 돌아다닌다.
부지런해지자.
모든 것에 부지런하자.
적극적으로 살자.
긍정적인 것에서는 무엇이든 적극적으로 대하자.
지금,
새로운 날에의 첫 발자국을 내어 딛자.

다시 읽어보니 구호를 외치듯 스스로를 부추기는 문구가 많다. 스스로를 부추긴다는 것은 현재의 상태에서 벗어나고 싶을 때, 자신에게 힘을 실어주기 위한 것이다. 아마 그날도 비가, 봄비라도 내렸던가 보다. 아니면 무언가 답답하고 계속되던 흐린 마음의 연속에서 벗어나고 싶었던 것일 게다.

책이나 음악, 그리고 편지라든지 사람과의 대화, 이런 것들과 멀어져 있을 땐 언제나 마음이 텅 빈 것 같고 쓸쓸함을 느낀다. 유난히 날씨가 좋은 아침, 향기로운 차 한 잔을 앞에 두고도 그런 느낌은 온다. 그럴 때는 라디오 FM에서 낯익은 목소리와 귀에 익은 음악을 들으며 폭발하듯 일기를 쓰거나 팔이 아프도록 편지를 쓴다. 그러고 나면 한결 마음이 순화되어 저도 모르게 유연하고 너그러워지는 기분이 든다.

어쩌면 그런 행위도 일상에서 쌓인 스트레스를 해소시키는 한 가지 방법이 될 수 있다. 사람은 가르쳐 주지 않아도 누구나 자기 자신에게 가장 적합한 방식으로 억눌린 감정을 정화시키는 비결을 갖고 있는 것 같다. 그것은 상처받지 않으려는 일종의 방어적 생존 본능이거나, 아니면 우호적 자기 보호 본능일 것이다. 그렇게 함으로써 내적으로 억압된 감정을 계속 쌓아 두지 않으면서 스스로를 지키고 최소한의 평정을 유지할 수 있는 것이 아닐까.

무언가 답답하고 어둡다고 느낄 때는 시간을 내어 자기 마음을 들여다볼 일이다. 거기 지금까지 알아채지 못했던 새로운 길이 있을지도 모른다. 자신에게 가장 알맞은 방식을 찾아 스스로 힘을 돋우어 보자. 그러면 사는 즐거움도 훨씬 더해지리라.

기다릴 수만
있어도 좋겠다

바닷가 모래밭이 조금씩 소금물에 젖어들 듯 내 마음은 오전 한때를 빗속에 잠식당하고 있다. 아침부터 내리던 비가 그쳤지만 아직도 미진한지 하늘은 여전히 볼이 부은 아이처럼 뚱하다. 살짝 건드리기라도 하면 한바탕 또 퍼부을 기세다.

흐렸다 개었다 하는 날씨처럼 사람살이도 어둠과 밝음이 교차되는 날의 연속이다. 새 계절을 앞두고 내 안의 하늘도 누군가 손만 대면 왈칵 쏟아져 버릴 듯 잔뜩 어둡다. 오랫동안 끌어안고 있다가 언젠가 끄집어내야 할 것들이 스멀스멀 목울대까지 치밀어 오르는 것처럼.

젊은 사람 하나가 세상에 남기 위해 고통스러운 씨름을 할 때 그의 여자가 말했다.

"조금만 참아요. 민들레가 항암 작용이 뛰어나대요. 어떤 사람도 민들레만 먹고 깨끗이 나았대요. 봄이 오면 우리 같이 시골로 가서 민들레만 캐어 먹어도 당신은 나을 수 있어요."

의학적인 모든 방법을 동원했지만 소생의 가능성이 희박한, 말하자면 그들에게는 민들레가 마지막 희망이고 대안이었다. 약리적인 작용과 무관하게 그 자체가 희망이었던 것이다. 병세가 악화되어 의식불명이 되자 그를 담당했던 의사는 이제 가망이 없다고 임종환자실로 옮기자고 하였다. 며칠을 병실에서 함께 지새웠던 나는 가슴이 철렁하여 의사 손을 붙잡고 물었다.

"마지막 정신이 돌아왔을 때 옆에 아무도 없으면 어떻게 해요?"

의사가 그런 일은 없을 거라고 냉정하게 말했다. 그러나 나는 그가 잠시라도 깨어난다면 얼마나 두렵고 서운할까 하는 생각에 하염없이 눈물이 흘렀다. 같은 병실에 있던 사람들이 누나인가 보다고 수군댔지만 그는 나의 하나밖에 없는 시동생이었다.

결혼한 지 얼마 안 되어 시동생과 함께 생활하게 되었을 때, 남편은 내게 힘이 들겠지만 자기 동생에게 잘 해주길 당부했다. 어려서 어머니를 잃고 학교 다닐 때 고생을 많이 해서 늘 안쓰러웠다고.

대학 졸업을 앞두고 일찌감치 7급 공무원으로 특채되었으니 그는 집안에서도 자랑이었다. 그가 결혼해서 살림을 날 때까지 우리는 두 해가 넘도록 함께 살았다. 사는 동안 더러 불편한 점도 없지는 않았지만 함께 함으로써 쌓인 정은 무엇과도 바꿀 수 없는 귀한 선물이다. 남편과 시동생은 친구처럼 주말이면 함께 탁구를 치거나 바둑을 두었다. 그가 있어 든든했는지 남편은 늘 활기 있고 즐거운 모습이었다.

그가 참한 사람을 만나 결혼했을 때 우리 부부가 얼마나 기뻐했는지 모른다. 네 사람의 나이가 서로 두서너 살밖에 차이가 없던 우리는 형제 사이였지만 때로는 친구같이, 또 때로는 서로에게 의논 상대가 되어주기도 하며 자주 만날 기회를 만들었다. 어린이날이나 휴일이 되면 아이들을 데리고 밖에서 만나거나 서로의 집을 오가기도 하였다. 시동생은 나중에 이층으로 집을 지어서 아래층에는 우리가 살고 이층에는 자기들이 살자고 말하기도 하였다.

그러던 사람이 세상 잡은 손을 놓은 것은 부활절을 앞둔 4월 초 주말이었다. 늦추위로 강한 바람과 진눈깨비가 몹시 내리던 날, 그는 아내와 어린 두 딸을 남겨두고 돌아올 수 없는 먼 길을 떠나 버리고 말았다. 나이 겨우 마흔 하나였다.

삼우제를 준비하기 위해 시장에 다녀오다가 길가 돌 틈에서 노란 민들레꽃이 한 송이 피어 있는 것을 보았다. 얼마나 허망하고 야속하던지 두 다리에 힘이 주르륵 빠져서 그대로 주저앉을 것만 같았다. 그때부터 화창한 봄의 상징인 민들레꽃을 보면 나는 불에 덴 듯 화들짝 놀라곤 한다.

하필이면 남편이 해외 출장 중이어서 미처 연락이 안 되었는데 삼우제가 지난 뒤에야 귀국하게 되었다. 사 년여를 퇴근길에 동생이 있는 병원에 들러 와야 하루 일과가 끝나는 것으로 알았던 남편의 상실감은 옆에서 바라보기조차 힘들었다. 어느 날인가 남편이 집에 들어서자마자 아무런 말도 없이 현관 앞에 있는 딸아이 방으로 들어갔다. 방에 있다가 깜짝 놀라 뛰어나온 딸아이의 두 눈에 눈물이 글썽하다.

"아빠가 내 침대에 엎드려 울고 계셔!"

살면서 가슴 한편을 도려내는 일이라면 피붙이를 잃는 때보다 더한 것은 없을 것이다. 관계가 살뜰했던 경우는 더욱 그렇다. 시동생보다 이미 오 년 전에 하나밖에 없는 친정 오빠를, 그 또한 젊은 나이로 보내야 했던 나에게는 그 상처의 파동이 증폭되었다.

오빠 역시 마흔을 조금 비켜간 나이였으니 아내와 어린 두 아들, 그리고 혼자 계신 늙은 어머니를 두고 차마 발길이 떨어지지 않았으리라. 안간힘으로 발버둥을 치며 눈을 감지 못하다가, 남은 사람들에 대한 염려로 가쁜 숨을 몰아쉬면서 그는 힘들게, 힘들게 눈을 감았다. 마지막 순간, 소리는 들리지 않는데도 입모양을 보면서, 나는 그 어느 때보다 또렷하게 그의 말을 읽을 수가 있었다. 가슴에 와 꽂히듯 아주 선명하게.

'어머니를 부탁해.'

'미안해.'

아마도 그것은 자기의 아내와 아이들에게 한 말이겠지만, 내가 들을 때는 우리 형제들 전체에게 하는 말이기도 하였다.

어느 심리학자는 '상처란 영혼이 따귀를 맞는 것'이라고 말했지만, 어떤 사람에게는 따귀가 아니라 몽둥이찜질보다 더 아프게 깊은 그리움으로 남는 일이다. 혈연을 잃은 상처를 이미 시로써 그려 본 것처럼, '한철 꽃잎이 지듯이 다녀간 향기도 짧기만' 했던 오빠나 시동생이 단 한순간만이라도 다시 살아서 돌아올 수 있다면…. 그렇게 그들을 기다릴 수만 있어도 좋겠다.

내 발바닥의 쇠뜨기

주말농장을 시작하고 나서 가장 힘든 일이 풀을 매는 일이다. 예전처럼 잔풀까지 호미로 박박 밀지는 않지만, 풀을 뽑고 돌아서면 '아하! 네가 김을 매고 갔으렷다?' 하고 약이라도 올리듯이 금세 무성해진다. 산자락에 있는 밭까지 올라가는 길에도 칡넝쿨이나 멍석딸기의 줄기가 얽히고설켜서 발목을 잡는다.

어디 그뿐인가. 망초꽃대나 달맞이꽃, 이름도 모르는 온갖 들풀들이 어른 허리만큼 자라서 오며가며 낫으로 쳐내고 또 쳐내도, 일주일 뒤에 가보면 다시 길이 안 보이게 풀숲을 이룬다. 그 왕성한 생명력이라니! 흔히 어려운 일을 헤쳐 나가며 꿋꿋하게 사는 사람을 잡초에 비유하기도 하지만, 잡초란 정말 아무데나 거침없이 적응해 버리니 종족 본능에 있어서는 '고래심줄'보다 억세고

질기다.

그러나 밭에서 자라면 잡초지만 이를 화분에 옮겨 심으면 귀한 '우리의 야생화'가 되어 극진한 대접을 받는다. 행여나 주눅이 들어 제대로 살지 못할까 봐 때맞춰 물을 주고, 수시로 햇볕에 내놨다 들여놓았다 하며 어린애 돌보듯 온갖 정성을 다 들인다. 하루아침에 거지에서 왕자로 신분이 바뀌듯 위상이 달라지는 것이다. 사람도 나고 자라는 곳에 따라 됨됨이가 달라지는 걸 보면 있는 자리가 그만큼 중요한가 보다.

긴 장마가 지나고 나자, 쇠뜨기가 밭고랑을 쫙 밀었다. 밭고랑만이 아니라 감자나 상추 등, 채소가 자라는 두둑까지 틈새를 비집고 올라온다. 한때는 쇠뜨기가 사람 몸에 좋다고 그 인기가 상한가를 치던 때도 있었다. 하지만 밭을 뒤덮는 저들은 아무짝에도 쓸모없는, 그저 성가시기만 한 풀이다. 아무리 그렇더라도 씻어놓은 듯이 상큼한 초록의 풀잎들이 밉지 않으니 이 노릇을 어쩐다?

돌아보면 쇠뜨기는 내게 그렇게 낯선 풀만은 아니다. 어렸을 때 엄마를 따라다니던 산밭에도 쇠뜨기가 무성했다. 어머니를 도와 드린다고 아무 풀이나 마구 잡아 뜯으면 엄마는, "아서라, 풀은 뿌리째 뽑아내지 않으면 점점 뻣세져서 나중에 뽑는 게 더 힘들어진다." 고 말리셨다. 풀의 속성과 사람의 나쁜 버릇이 비슷한 모양이다. 그럼에도 불구하고 쇠뜨기의 뿌리만큼은 그 끝이 보이질 않았다. 엄마는 김매던 호미를 던져 놓으시고, “저놈의 쇠뜨기는 뿌리가 백 리도 더 간다더라. 아, 글쎄, 자고 나면 서울까정 뻗쳐서 아침에 새 이파리가 쏘옥 올라온다네!” 라며 한숨을 돌리고는 다시 밭둑에 엎드려서 잡풀을 뽑으셨다.

어느 결에 나도 ‘그놈’의 쇠뜨기 뿌리를 따라왔던가. 스물다섯의 많지 않은 나이로 왠지 두렵고 낯선 서울살이를 시작했지만, 이제 삶의 터전이 된 지도 벌써 삼십 년이 훌쩍 넘어갔다. 시골에 비해 여러 가지로 편리한 도시 생활에, 몸은 익숙해졌어도 마음 한쪽에는 늘 전원생활에 대한 사무침이 자리하고 있다.

시골 마을 어디쯤, 산 아래 조그만 텃밭과 남으로 향한 아담한 집을 한 채 갖고 싶다. 쪽마루도 달아내고 마당에는 밤하늘의 별을 올려다볼 수 있는 널평상도 하나 짜 놓아야겠다. 텃밭에는 가족들이 먹을 채소를 그득하니 가꾸고, 마당가에는 나지막한 나무 울타리를 두르자. 밖에서도 들여다볼 수 있게 사계절에 맞춰서 알록달록 예쁜 꽃을 심어야지.

봄에는 제일 먼저 샛노란 수선화가 인사를 하고, 여름에는 비비추가 무더기로 손을 흔들며, 가을에는 과꽃이 앞마당을 수놓을 것이다. 잊지 말고 한 쪽에는 내가 좋아하는 구절초도 심어야겠다. 사람의 혼까지도 씻어낼 듯이 청초하게 피는 꽃으로 깊은 가을의 정취를 누리자. 은은하고 상큼한 향으로는 메마르고 무뎌진 감성도 되살려야지.

내 집안에 심는 꽃만 말고 길가나 동네 빈터에도 갖가지 꽃을 가꾸고 싶다. 개울가에는 보랏빛 자운영을 심고, 산으로 향한 오솔길 양쪽에는 도라지와 개양귀비도 심어서 멀리 보아도 아름다운 꽃길이 되었으면 한다. 할 수 있다면 다용도로 이용할 수 있는 질 좋은 나무도 많이 심고 싶다. 꽃과 잎이 고추를 닮았다는 고추나무처럼 나물도 먹고 꽃도 볼 수 있으며, 편백나무처럼 건강에도 좋고 훌륭한 재목이 될 수 있는 그런 나무들. 당장이라도 실행하고 싶은 마음이 굴뚝같지만 급히 서두르지는 말자.

얼마 전, 남편의 직장을 따라 이사한 대전. 살고 있는 곳에서 자동차로 10분만 밖으로 나가도 무논에 벼가 자라고, 밭이랑에는 온갖 채소가 커가는 모습을 볼 수가 있다. 그동안 시멘트로 칠갑을 한 거대 도시에 살면서 맨땅을 보기가 쉽지 않아선지, 임시로 마련한 주말농장은 전원을 향한 나의 꿈에 내리는 단비처럼 커다란 활력소가 된다.

오고가는 길까지도 반갑고 멋들어지다. 마치 우리를 마중 나온 것처럼 양쪽에 굵직한 벚나무가 줄지어 서 있고, 그 사이로 내닫는 나는 소풍이라도 나선 것처럼 신이 난다. 차창을 열면 환한 햇살과 투명한 바람이 와락와락 쏟아져 들어온다. 오랫동안 막혔던 숨길을 열어주는 듯 폐부 깊숙한 곳까지 힐링되는 것 같다.

산밭을 향해 갈 때마다 내가 그리는 전원생활에 한 걸음 더 가까워진 것 같아서 마음이 흐뭇하다. 아마도 내 발바닥에 쇠뜨기의 뿌리라도 돋아서 시골로 쭉쭉 뻗어가는 모양이다.

창덕궁의 느티나무

나는 고궁에 가는 것을 좋아한다. 특별히 역사적인 의미나 교훈을 생각하지 않아도 그저 그 곳 자체가 좋다. 고궁에 가면 마음이 차분해지고 여유롭다. 햇살을 등지고 나무 아래 있는 긴 의자에 앉아서 마냥 생각에 잠겨도 좋고, 마음에 맞는 친구와 서로 살아가는 이야기를 나누어도 좋다. 그러다 보면 어느 결에 그리운 고향에라도 들른 듯 편안해진다.

지난해 가을에는 창덕궁에 있는 비원을 다녀왔다. 조선 왕궁의 대표적 조원(造苑) 유적답게 복잡한 도시 한복판에서도 숲이며 건축물의 조화로움이 주변을 감도는 서늘한 바람까지 예스럽게 한다.

크고 작은 나무와 여기저기 서 있는 괴석들, 아름다운 연못과 정자가 잘 조화된 대궐의 후원을 거닐며 나는 잠시 왕가의 지체 높은 여인네가 되는 상상을 해보았다. 그때 그이들은 이곳에서 부귀와 영화를 누리며 행복했을까?

행복의 척도는 시대와 개인의 가치관에 따라 달라질 테니 한마디로 단정 지을 수는 없지만 아무리 그럴 듯하게 상상을 해 보아도 어울리지 않는, 나와는 거리가 먼 모습이다. 왕가의 여인이나 지체 높은 여인이 아니어도, 오늘을 사는 나는 지금 이 모습으로 이 자리에 있다는 것이 여간 다행한 일이 아닐 수 없다.

북원이라고도 하는 이 창덕궁의 후원에는 오래된 나무가 많이 있다. 나무 한 그루 한 그루가 모두 제 나름의 독특한 모습을 지녔다. 특히 눈길을 끄는 것은 아주 나이가 많은 향나무이다. 750살이나 되었다니 그동안 이 궁궐을 지키고 보살펴 온 터줏대감이라 할 수 있겠다.

향나무는 몸체가 기묘하게 뒤틀리고 얽혀 있어서 마치 용이 승천하는 형상을 하고 있다. 수많은 세월을 모진 비바람에 단련되었을 뒤틀림이 어떻게 보면 그 시대 숱하게 당해온 나라의 수난사와도 닮은꼴 같아서 보기에 안쓰러운 데가 있다. 태풍에 가지가 부러져 키가 반으로 줄어서 5.6m지만, 둘레가 5.9m나 된다니 아직도 그 자태가 어엿하기만 하다. 수백 년의 연륜을 가지고 있으면서도 짙은 녹색의 잎은 젊은 나무 못지않게 싱싱하고 윤이 난다. 사람도 나무처럼 꿋꿋하고 기품 있게 나이가 들어간다면 세월의 흐름 앞에서 담담할 수 있을 텐데 하는 생각이 들었다.

향나무 말고도 왕실의 후원을 아름답게 하는 그 많은 나무 중에서 인상 깊게 나의 눈길을 끄는 나무가 있었다. 하늘을 받치고 서 있는 아름드리 느티나무다. 거죽만 남고 속이 삭아 없어진 것을 시멘트 같은 것으로 메워 놓아서 처음에는 죽은 나무인 줄 알았다. 안내인의 말로는 그 나무가 살아 있으며, 수령이 천 년 가까이 추정된다고 한다.

안내인이 가리키는 곳을 쳐다보니 위로 높이 뻗어나간 큰 가지에서 작은 가지가 퍼져나가 나뭇잎이 종종 매달려 있는 것이 보였다. 생명에의 경이감이라고나 할까. 텅 빈 속을 차가운 인조물로 채우고 얇은 거죽만 버티고 서 있는데 무슨 힘으로 수액을 빨아올릴 수 있는지 모르겠다. 그저 어허, 하는 감탄사만 쏟아 내는 옆의 사람들처럼 나 또한 달리 무어라 표현하기 어려운 감동을 받았다. 가을볕을 받아 반짝이는 잎들이, 마치 어떤 어려움이 닥쳐도 마침내는 다 지나갈 것이라고 일러주는 희망의 상징처럼 느껴졌던 것이다.

집에 와서도 오랫동안 비원의 느티나무가 머리에서 떠나지 않았다. 힘들고 지칠 때에 찾아가면, 모두 다 잘 될 거라고 기운을 북돋아 줄 것만 같은 그 나무가 보고 싶던 차에 마침 기회가 찾아 왔다. 친구와 마음이 맞아서 언제 한번 비원에 함께 가기로 약속했던 것이다.

봄이라고는 해도 아직 날씨가 쌀쌀하던 며칠 전, 친구와 함께 다시 창덕궁의 비원을 찾아갔다. 나무들이 봄을 맞아 한창 물이 오르기 시작했는지 줄기마다 옅은 푸른빛을 띠고 있다. 촉촉하고 풋풋한 공기를 마시며 걷다보니 오래된 느티나무가 변함없이 그 자리에 서서 반갑게 맞아 준다.

한 나라의 영욕을 지켜보며 한마디 신음조차 없었을, 필경 우리네 선조의 선조보다 훨씬 더 일찍 이 세상을 내려다보았을 나무는 지금도 그 자리에 그대로 서 있다. 그 진중함이 세상 풍파를 다 견디어 내고 묵묵히 살아가는 시대의 어르신들을 생각하게 한다.

봄이 깊어지면 오래된 느티나무도 느릿느릿 땅속 깊숙한 뿌리로부터 달콤한 수액을 끌어올려 연한 새잎을 피워 내겠지. 지금 함께 살아가는 이 시대의 어떤 사람보다 더 오랜 세월을 남아 있으면서, 먼 훗날 그때의 누군가에게 가만 가만히 오늘의 이야기를 전해줄 것이다.

나는 오늘도 창덕궁에 있는 나이 많은 느티나무의 반짝이는 새잎이 보고 싶다.

내 마음에도 단풍

올여름은 참으로 무더웠다. 생애 처음인 듯한 더위라고 생각했는데 작년에 썼던 글들을 꺼내어 보니 작년 역시도 “올해는 정말 무더웠다.”라고 쓰여 있다. 가마솥같이 찌던 여름 막바지에 굵은 비가 서너 차례 내렸다. 그 바람에 열기가 식었는지 나무 사이로 삽상한 바람이 불기 시작하였다. 끝이 없을 것 같던 여름이 서서히 그 뒷모습을 보이며 지나가고 있다.

아침저녁으로는 산 그림자도 제법 길어졌다. 아파트 곳곳에 잔디를 깎아서 쌓아 놓은 옆을 지날 때마다 어슴푸레 날아오는 독특한 냄새, 그 알싸한 건초 냄새가 이미 가을이 와 있다고 일러 준다. 그렇게 몇 번인가의 찬비가 더 내리더니 어느새 가을 한가운

데로 풍덩 빠져든다.

참 신기한 일이다. 계절은 단 한 번의 쉼도 없이 해마다 되풀이 되는데 새 계절 앞에서는 늘 처음인 것 같은 기분이 드는 것은 무슨 까닭일까. 아마도 그것은 '같은 냇물에 두 번 발을 담글 수 없다'는 말처럼, 시간 역시 한 번 지나가버리고 나면 같은 시간을 두 번 다시 마주할 수 없기 때문일 것이다. 그래서 새 계절 앞에만 서면 처음처럼 매번 설레는가 보다.

가을 산에 오르니 정상에서 내려다보는 골짜기와 능선마다 온통 단풍이다. 노랗고 빨갛다. 푸르고 누르다. 노르스름하고 파르스름하고 불그스름하다. 누가 세상의 고운 빛깔을 모두 모아, 산이란 산은 다 쫓아다니며 들어부었나 보다. 저녁노을이 스며들어서일까? 오색구름이 뭉글뭉글 이는 듯도 하다. 글자 그대로 만산홍엽(滿山紅葉)이다.

산길을 걸으며 올려다보면 나무와 나무, 가지와 잎 사이로 언뜻 언뜻 내다보이는 하늘 또한 무척 푸르다. 맑다. 맑다 못해 투명하다. 시리도록 투명하다. 그 모든 것들이 LED 전등불처럼 마음을 환하게 밝혀 준다. 그리고 살가운 바람처럼 흔들리게도 한다. 누굴까? 먼 곳에서인 듯 자꾸 나를 불러낸다. 어서 오라고.

그러나 단풍은 꼭 산에 올라야만 볼 수 있는 것은 아니다. 가로수 줄지어 선 거리, 혹은 집 근처의 늙은 느티나무나 은행나무,

가정집 울타리 안에 서 있는 감나무에서도 만날 수 있다. 집안 화분에 심어 놓은 남천의 잎도 발갛게 물든 지 이미 오래다. 이 계절에는 길가 아무렇게나 자리 잡은 잡초까지도 가장 잘 어울리는 빛으로 제 몸빛을 가꾼다. 아름답다. 그 어울림이 진정 곱고 예쁘다.

자연이 아름답게 느껴지기 시작하면 나이가 드는 표시라고 한다. 나이가 들었다 한들 대수인가. 사물을 보는 눈만 제대로 갖추어진다면 그것도 괜찮은 일일 것 같다. 편견이나 왜곡되지 않은 시각으로 세상을 대한다면 그 인생의 가을 또한 자연에 못지않을 만큼 잘 가꾸어졌다고 볼 수 있지 않을까.

시인 고은은 "가을에는 편지를 하겠어요. 누구라도 그대가 되어 받아 주세요."라고 노래했다. 예로부터 가을을 노래한 시인이 많았던 것은 그만큼 가을이 주는 정서가 사람의 마음을 감성적으로 만들기 때문일 것이다. 그렇게 가을에는 누구나 한 번쯤 시인이 된다. 이 가을에는 우리도 시인의 마음이 되어 누군가의 마음을 두드려 볼 일이다. 마음의 벽이 두껍다고 느껴지는 사람일수록 더욱 강하게 밀고 들어가 보자.

어쩌면 가까운 사이일수록 마음에 담아둔 사연이 더 많이 쌓여 있을는지 모른다. 몇 번이나 '이번에는 꼭 말해야지.' 하고 벼르기만 하다가 지나가버린 일은 얼마나 많았을 것인가. 또한 혼자서 속으로만 가슴 아파한 일도 적지는 않았을 것이다. 설령 시가 아니면 어떤가. 마음을 있는 그대로 담아서 쓴 편지라도 좋고, 때로는 그저 옆에서 바라보기만 해도 괜찮을 것 같다. 말없이 손이라도 한 번 꼭 잡아 준다면 훨씬 더 따뜻한 교감을 이루지 않을까. 때로는 먼저 전화를 걸어 보는 일도 좋은 방법이다. 마음으로부터 멀리 떨어져 있는 사람에게는 한 통의 전화도 깊은 울림으로 다가올 수 있다.

지금 내가 먼저 마음을 열 수 있다면 언젠가는 또 다른 사람이 나를 위해 나보다 먼저 마음을 활짝 열고 기다려 주지 않겠는가. 아니다. 어쩌면 그 사람은 이미 나보다 먼저, 아주 오래 전부터 마음을 열고 나를 기다리고 있는지 모른다. 너는 왜 내 마음을 모르느냐고 섭섭해 하기 전에 내가 먼저 닫힌 속내를 활짝 열어야 하리라. 내 마음에 단풍이 드는지 실바람이 부는지, 말하지 않으면 다른 사람은 전혀 알 수가 없지 않겠는가.

내 눈 안에, 내 마음 안에 저 맑은 하늘을, 타오르는 저 가을 잎을, 골짜기마다 흔들고 지나가는 저 서늘한 바람소리를 담아내보자. 뿐만 아니라 사람의 마음도 기꺼이 담아낼 수 있어야 한다. 거기 더할 수 없는 너그러움까지 포함한다면, 사람 사이가 얼마나 부드럽고 편안해질 것인가.

이 가을에는 내 마음에도 흠뻑 단풍이 드는 것 같다.

Chapter 2

마음의 샘

마음의 샘

좋은 물은 사람을 맑고 바르게 한다. 그래서 사람들은 좋은 물을 찾아 멀리까지 가기도 하고, 그 물을 길어 오기도 한다. 어떤 이는 물을 사서 먹기도 한다.

지금은 떠나온 곳이지만 옛날 고향 마을에서는 집집마다 물 긷는 일이 중요한 일과 중의 하나였다. 우리 집도 예외가 아니었다.

어린 시절 나는 아침마다 어머니의 물 긷는 소리에 잠을 깨곤 하였다. 부엌 한쪽에 커다란 물두멍이 있어서 식구들은 그 물을 떠서 밥도 짓고 세수도 하였다. 어머니는 언제나 두멍에 물이 그득해야 마음을 놓으셨다. 그래서 틈만 나면 우물에서 물을 길어 오셨다. 그 무렵 우리 집에서 제일 넉넉했던 것은 아마도 물이 아니었나 싶다.

그때는 물두멍이 여러 가지 구실을 했다. 여름이면 참외를 시원하게 띄워 두기도 하고, 음력 정이월에는 가래떡을 담가 두기도 하였다. 설을 쇠고 나면 어머니는 미끈한 가래떡 몇 개를 물두멍에 넣어 두었다. 군대에 가 있는 외아들을 생각해서였다. 그리고는 날마다 새 물을 갈아 넣으셨는데, 가래떡은 오빠가 휴가 나올 때까지 두어 달은 너끈하게 잘 간수되었던 것이다.

동네에는 공동으로 쓰는 우물이 몇 개 있었다. 우리가 이용하던 것은 큰우물과 옻나무샘이라는 두 곳이었다. 주로 거리가 가까운 큰우물을 이용했지만, 물맛은 옻나무샘이 윗질이었다. 큰우물은 여남은 집이 넘게 이용했다. 물이 깊어서 어떤 가뭄에도 마른 적이 없다.

해마다 애벌 논매기할 무렵이면 '물품기'를 하였다. 물품기란 우물의 물을 모두 퍼내고 바닥까지 청소하는 것으로, 일 년에 한 번 무척 큰 행사였다. 큰우물을 먹는 집에서 한 사람씩 나오고, 그 물을 먹지 않는 집에서도 젊은이들이 나와서 거들어 주었다.

도르래에 밧줄을 걸고 양동이를 매달아 우물 속의 물을 채운다. 그런 다음 한 줄로 길게 늘어선 사람들이 줄다리기하듯 잡아당겨 물을 퍼내는 것이다. 물이 거의 다 퍼 올려지면 한 사람이 양동이를 타고 우물 안으로 내려간다. 바닥에 쌓인 진흙이나 오물을 직접 치워내기 위해서다. 그 사람이 올려 보내는 양동이에는 진흙과 함께 아이 고무신짝이나 머리핀같이 자질구레한 것도 함께 담겨져 있었다. 바닥 청소가 끝나면 다시 양동이에 사람이 타고 올라왔다. 구경하던 아이들은 '나무꾼과 선녀'에 나오는 나무꾼 같다며 웃곤 하였다.

한 우물을 먹는다는 것은 정신적 유대감을 깊게 해준다. 품앗이나 두레도 함께 짰으며, 크고 작은 일에 서로의 관심과 보살핌이 각별하였다. 큰우물은 둘레둘레 사는 이들을 결속시키던 구심점이었다. 그러나 지금은 그곳에도 간이상수도가 설치된 지 오래다. 따라서 큰우물은 제 역할을 상실하고 메워져서 자취가 없다. 사는 사람도 많이 바뀌고 시대가 변해서인지 이웃 간의 인정까지 옛날 같지가 않다.

"사막이 아름다운 것은 어디엔가 우물이 숨어 있기 때문"이라는 말이 있지만, 나에게 고향을 아름답게 하는 것은 청춘시절을 함께 지낸 옻나무샘이 남아 있기 때문이다. 옻나무샘은 나를 티 없는 동심의 세계로 데려가기도 했으며, 어린 마음을 조금씩 어른스럽게 키워 주기도 하였다.

큰우물이 통솔력 있고 품 넓은 장정에 비할 수 있다면, 옻나무샘은 수줍은 처녀같이 다소곳한 느낌을 주었다. 이름처럼 주변에는 옻나무가 많아서 가을이면 옻 단풍이 불타듯 했다.

샘 옆 둑 위로 나이 많은 감나무가 한 그루 서 있고, 거기서부터 대나무 숲이 이어졌다. 대나무 숲은 우리 집 울타리나 다름이 없었다. 우리 집이 옻나무샘을 마당가에 두게 된 것은 살던 집을 화재로 잃게 되어서 이사를 했기 때문이다. 나는 이사하기 전부터 머리 감을 물만은 옻나무샘에서 길어다 쓰고 있었는데, 사립문 밖에 옻나무샘이 있다는 것은 내게 큰 기쁨이었다.

옻나무샘은 물이 순하다. 머리를 감으면 한결 윤이 나고 매끄러웠다. 그래서 주말이면 인근에 사는 여학생들이 다투어 물을 길어 갔다. 그밖에 옻나무샘을 대놓고 먹는 집은 서넛에 불과해서 옻나무샘은 울안의 것이나 마찬가지였다. 어머니는 여분으로 한 통의 물만 들여놓으면 더 이상 물 욕심을 내지 않았다.

우리 식구들은 모두 옻나무샘을 좋아했다. 특히 어머니의 옻나무샘에 대한 애정은 남다른 데가 있었다. 어느 해, 오랜 가뭄으로 샘 바닥이 드러난 적이 있다. 바위틈에서 솟는 물은 양이 적어서 두레박으로 낡을 만큼 고이려면 한참씩 기다려야 했다. 언니와 내가 다른 우물에 가서 물을 길어 오겠다고 했을 때, 어머니는 한사코 옻나무샘물만 고집하셨다. 그것은 옻나무샘에 대한 어머니 나름의 믿음 때문이었다.

오빠가 월남전에 참전했을 때, 어머니는 새벽마다 옻나무샘물로 정화수를 떠놓고 아들이 무사하기를 빌었다. 나중에 오빠는 사지에서 무사히 돌아온 기쁨을 어머니의 정성이라 했고, 어머니는 옻나무샘 덕택이라 하셨다. 어쩌면 어머니는 바위틈으로 쉬지 않고 솟는 물을 보면서 강한 생명력을 느끼고 당신의 불안한 마음을 달랬는지 모른다.

나는 종종 옻나무샘물을 들여다보기를 즐겼다. 때때로 구름이 물 위로 지나가고, 물속에 비친 감나무에서는 주먹만 한 감이 거꾸로 매달려 익어간다. 바람에 나뭇잎이라도 떨어지면 수면이 잠시 찡그렸다가 어느 결에 다시 잔잔해진다. 시간 가는 줄 모르고 샘물을 들여다보던 나는 선뜻 두레박을 내리지 못하곤 하였다. 어쩐지 고요한 샘물의 세계를 흩트려 놓는 것 같았기 때문이다. 내게 있어 옻나무샘은 마음을 나누는 또 하나의 친구였다.

사람들은 저마다 가슴속에 맑은 샘물 하나쯤 숨겨 두고 있을 것 같다. 다만 그것을 찾아내고, 또 그것을 어떻게 다스리고 간직하는가에 따라서 제각각 살아가는 모습도 다르고 생각하는 자세도 달라지는 것이 아닐까. 생각해 보면 마음속의 샘물이 마르게 될 때 동심을 잃어버리고, 삶의 근원조차 잃게 될 것 같아 두렵다.

가끔 내 마음속에 살아 있는 옻나무샘을 들여다보자. 잊고 있던 기억도 건져내고 앞으로 해야 할 것을 길어 올리는 일을 게을리 하지 말아야겠다.

그 옛날, 언젠가 샘가에 풀어 놓았다가 깜박 잊고 놓아둔 손목시계는 지금도 쉬지 않고 돌아가고 있을까. 샘가를 맴도는 내 마음의 시계는 자주 그 시절로 되돌아가곤 한다.

물빛
그리움

"여보슈?"

말끝을 끌어올리며 짧게 끊어지는, 어머니만의 독특한 전화 받기는 우리 형제들에게 늘 웃음의 소재가 되곤 하였다. 지금도 언니들과 통화할 때면 서로 어머니의 말투를 흉내 내며 옛 추억에 잠기곤 한다. 젊어서는 딸들에게 무심한 듯 냉정하셨다는 생각 때문일까. 어머니의 젊은 시절보다 늘그막의 모습과 일상들이 더 많이 기억에 남아 있다.

막내라서 그런지 남들이 다 할머니라 여겨도 칠순이 넘도록 나는 내 어머니가 할머니라는 생각을 한 적이 없었다. 그러던 내게 어머니의 연로가 한순간에 들이닥친 날을 잊을 수가 없다.

올림픽이 서울에서 열리던 때였으니 벌써 스무 해도 더 전의 일이다. 수화기 저편에서 잠시만 기다리라는 젊은 여인의 목소리에 이어서, 예의 그 "여보슈?" 하는 어머니의 목소리가 들렸다. 공중전화 앞에서 누군가에게 부탁하여 전화를 거셨을 어머니, '용산 역전'에 와 계시다는 말을 듣고 부리나케 달려갔지만 얼핏 어머니의 모습이 보이질 않는다. 그날따라 용산역 광장이 무척 넓어 보였다. 한참 동안을 두리번거리고 있던 내 눈에 광장 끝 모퉁이에서 키 작은 안노인 한 분이, 내가 가고 있는 반대 방향을 향해 목을 늘이고 서 있는 것이 보였다. 어머니였다.

세상에! 이 양반이 내 엄마 맞는가.

젊은 날, 우리 다섯 남매에게 당신의 키를 떼어주시느라 겨우 내 가슴치밖에 남지 않은 것일까. 내 어머니의 몸피가 열두어 살 아이들만큼 작아져 있었다. 집안에서 보던 모습과 달리 휑뎅그렁한 광장 한구석에 홀로 막막하게 서 계신 모습은 가슴이 철렁하도록 작고 낯설었다.

사흘돌이로 감기 몸살을 달고 사는 막내딸을 위하여 흑염소 한 마리를 잡아오셨다는 어머니를 모시고, 평소 5분 거리의 집으로 돌아오며 내 걸음은 한 발짝이 5분은 되는 듯 자꾸 느려졌다. 몇 년 전만 해도 남보다 빠르던 엄마의 걸음이 한없이 더뎠기 때문이다.

그랬다. 어머니는 여자로서 키가 크신 편이었고, 성정이 강해서 그런지 걸음도 빠르고 일손도 재바르셨다. 그런데다 자식들에게 잔정을 보이지 않으셔서 어린 내게는 퍽 어렵기만 했었다. 마음 놓고 응석도 못 부리고 떼를 써도 통하지가 않던 것이다. 엄마보다는 오히려 아버지 쪽이 더 편안하게 우리 뜻을 잘 받아주셨다.

가끔 학용품을 살 일이라도 있으면 어머니는 치마 앞자락을 둘둘 걷어 올리고, 속바지에 숭덩숭덩 손바느질로 달아 놓은 주머니에서 돈을 꺼내셨다. 꼬깃꼬깃 구겨진 돈을 몇 번씩 다시 세어보고 나서야 건네주시면서 '이제는 돈이 한 푼도 없다'는 소리를 후렴처럼 붙였다. 그리고는 남은 돈을 다시 주머니에 넣은 뒤 커다란 옷핀을 꾹 질러 잠그는 일이 숙달된 조교처럼 자연스러웠다.

내게서 막내 티가 줄줄 난다는 남들의 말에도 "글쎄유. 누가 더 이뻐하지도 않는디 지가 그냥 혀 짧은 소릴 하고 그러네유." 하실 뿐, 남의 자식 얘기하듯 무심하셨다.

아니, 꼭 그렇지만은 않았다. 어쩌다 학교에서 상장이라도 받아오면 어머니는 그저 "애두 참…." 하면 그만이었지만, 그 짧은 말 속에 나를 향한 당신의 믿음이 느껴져서 내 마음이 뿌듯하기도 했던 것이다. 곰살궂게 속내를 드러내지는 않아도 나는 어머니가 은근히 날 대견하게 여기신다는 것을 알 수 있었다. 그런 어머니의 마음은 어린 나를 지키는 든든한 힘이었고, 또한 살아오는 내내 내 안의 버팀목이 되어주기도 했다. 지금도 내게는 어머니의 사랑이 맑은 물빛처럼 그렇게 촉촉하고 은은하다.

어렸을 때의 섭섭했던 기억만큼 잘 해주신 일들은 선명하지 않은 걸 보면, 아마 나는 엄마가 해주신 수많은 일을 그저 당연하게만 여겼나 보다. 그만큼 일방적으로 받기만 했다는 것을 그때는 왜 몰랐을까.

어려서부터 편도가 약해서 조금만 힘이 들어도 목이 부어서 물도 잘 못 넘기고, 말도 제대로 할 수 없을 때가 많았다. 그런 막내딸에게 어머니는 "증말, 속이 상해서 못 살겠다."며 화를 내시던 모습을 이해할 수 없던 내가, 내 딸이 똑같이 아팠을 때서야 그 애타는 심정을 헤아리게 되었다. 그러고 보니 아직도 나는 어머니를 다 알기에는 멀었나 보다.

결혼을 며칠 앞두고 하루는 엄마가 내 머리를 뒤로 모아 한 갈래로 땋아 주셨다. 나의 머리를 거친 손바닥으로 연신 쓰다듬으며 "우리 은수는 참 이뻐…. 그런디, 사람들이 애는 나를 닮았다대." 하신다. 옆에 계시던 아버지는 어이없다는 듯이 어깨를 으쓱이시더니 볼멘 소리를 하셨다. "실컷 이쁘다고 해놓고 어째서 자기만 닮았다고 하는 겨!"

어디 엄마 마음처럼 내가 그렇게 예쁘기야 할까마는, 막내딸이다 자랄 무렵에서야 어머니는 조금씩 자식에 대한 애정 표현을 하셨다. 결혼하고 난 뒤 드물게 한 번씩 우리 집에 다녀가셨던 어머니는 수줍은 소녀처럼 옛날 일을 꺼내 놓으셨다.

"얘야, 네가 공무원 시험 본다고 대전에 갈 때, 차비도 한 푼 못줘 보내고 나니 가슴이 꽉 맥히는 게, 그냥 스르르 주저앉을 것 같더라."

그리고는 무슨 비밀이기나 하듯이 '네 오빠 군대 갈 때보다 더 했다.'고 덧붙이셨다. 어머니께 하나 있는 아들은 세상 무엇보다 우선이셨는데 그 아들하고 비교를 하셨으니, 이는 막내딸에 대한 최고의 사랑 고백이셨으리라.

그런 아들을 앞세우고 당신의 남은 생이 얼마나 황량하셨을까 생각하면 지금도 가슴이 저리다. 다행히 돌아가시기 얼마 전 종교에 의지하여 평온을 찾으신 것 같아 고맙기만 하다.

바람결엔 듯 스쳐가는 생각만으로도 콧날이 시큰해지는 어머니의 사랑. 유난하지는 않았지만 끊임없이 흐르는 깊은 물처럼 속정이 깊었던 내 어머니가 그리울 때면 손으로 전화기를 만들어 귀에 대본다.

"여보슈? 나, 엄니 막내딸인디…."

은하수에 입 맞추다

여름밤은 나에게 추억의 창고에 가득 채워진 별빛 이야기보따리다. 세월을 뒤로 돌려서 한 발 한 발 나아가면 열두어 살까지의 어린 내가 보냈던 여름밤 풍경이 펼쳐진다.

저녁식사를 마치고 땅거미가 지기 시작하면 아버지는 일찌거니 사랑마루가 있는 아랫집으로 가시고, 어머니는 바깥마당에 햇밀짚으로 엮은 자리를 펼쳐 놓으셨다. 볏짚으로 꼼꼼하게 엮어 만든 멍석과는 달리, 날줄 간격이 넓게 잡혀진 밀대자리를 우리는 그냥 '밀대방석'이라고 불렀다. 뽀송뽀송한 촉감과 앉으면 푹신한 밀대방석은 가벼워서 여자들도 쉽게 들어 나를 수가 있었다.

시간이 지나며 한 사람씩 이웃 아주머니들이 모이기 시작하면

적게는 서넛에서 많으면 대여섯이 되어 금세 자리가 꽉 찬다. 일상의 소소함으로부터 나랏일 걱정까지, 마당은 온갖 소문과 새로운 정보로 이야기가 끊이질 않는다. 밤하늘에 날아가는 별똥별처럼 방향도 순서도 없이 이야기가 왔다 갔다 하지만 서로 얽혀서 못 알아듣는 일은 없다.

"아무개가 김칫거리를 가지고 온양 장에 팔러 갔다가 아직도 안 왔다네. 그 여편네 바람 난 거 아녀?"

누군가 봉숭아 씨앗 터지듯 툭하고 한 건 터트리면 이야기는 이내 풍선처럼 부풀었다. '장터 국밥집에서 어떤 사내와 같이 있었다더라, 어쩐지 낮도깨비처럼 하고 나대더라니, 옷을 하루에 열두 번도 더 갈아입는다더라.'는 둥, 카더라 통신이 난무한다. 그러다 한 사람이 제동을 건다.

"내 눈으로 못 봤으면 그만덜 둬! 장딴지 보고서 허벅지 봤다고 하지덜 좀 말고."

"아이고 그려! 그만 혀. 근디 달꽃이 저렇게 환하게 핀 걸 보면 비가 언제 올지 모르것네."

달 가장자리에 테를 두르듯 푸른 기를 내뿜으면 어른들은 달꽃이라 부르며 가물 징조라고 하였다. 반대로 테두리가 희뿌옇게 퍼지듯 달무리가 지면, 머잖아 비가 오리라는 예보로 알았다. 가뭄 걱정 끝에 이야기가 자연스레 물꼬로 옮겨간다.

동네 앞으로 십 리는 되게 펼쳐진 들판이니 가물 때 논에 물을 대는 일은 모두의 관심사일 뿐만 아니라, 들판 둘레에 있는 이웃 마을과도 뗄 수 없는 관계를 이룬다. 평소에는 산지사방 서로 모르는 사람이 없다가도 물꼬 다툼이 시작되면 이웃사촌 간에도 순식간에 안면몰수다. 그러나 추수 때가 되면 언제 그런 일이 있었느냐는 듯이 제물에 풀어지곤 하였다.

"저기 앞마을에 그 집 있잖여, 그 왜 애덜 잔뜩 데리고 혼자된 사람. 그 여자는 논에서 밤을 새는 가벼. 아예 물꼬 앞에서 웃통을 벗고 있어서 남정네들이 근처에는 얼씬도 하지 못한다네!"

마당은 금세 혼자된 여인의 딱한 처지에 혀를 차며 안됐어 하는 분위기로 그득하다.

"여자 혼자 농사 지을레니께…. 헐 수 없지 뭐, 다른 집은 천상 그 집 물 대는 일이 끝나야 되것구먼!"

밤이 좀 더 깊어지면 초저녁에 마당가 풀밭에 널어둔, 풀 먹인 옷이나 이불홑청이 축축해진다. 그것을 걷어다가 어머니와 이웃 아주머니가 손을 맞춰 개키고, 무명보자기에 싸서는 발로 꾹꾹 밟아준다. 나는 가끔씩 엄마 발 위에 내 발을 디디고 올라서서 같이 밟았다. 어머니의 명치 부근에 얼굴을 묻고, 눈을 감은 채 매달리듯 두 팔로 허리를 꽉 끌어안는다. 그런 자세로 천천히 빨래뭉치를 밟고 있으면 마치 양수 속에서 유영하는 태아처럼 아늑

하였다. 발아래서 빨래의 구김살이 반드럽게 펴지는 것처럼 어머니의 고단한 얼굴도 곱게 펴질 수 있었다면 얼마나 좋을까.

나는 빨래를 손질하는 엄마 곁에 다소곳이 누워, 바람결에 모깃불의 쑥 향이 가까워졌다 멀어졌다 하는 것을 즐겼다. 그러다 지루해지면 어른들 이야기에 끼어들거나 공연히 투정을 부리기도 하였다. 수수는 언제 꺾어다 쪄줄 거냐고 조르면 어른들은 햇곡을 먹으려면 은하수와 내 입이 딱 맞아야 한다고 했다. 나는 누운 채로 하늘을 올려다보며 은하수와 입을 맞춰 보지만, 은하수는 내 얼굴만큼 옆으로 비켜나 있다. 하얀 구름 띠 같기도 하고, 비행기가 날아간 뒤에 남는 흔적 같기도 해서 은하수가 별의 무리라는 생각이 들지 않았다.

어머니는 오지도 않은 모기를 쫓느라 내 몸 위로 부채를 이리저리 흔들며 이야기 삼매에 빠지셨다. 아마도 고전소설 이곳저곳에서 뽑아다 엮어졌을 이야기 속의 청춘남녀는 하나같이 잘생기고 인품이 좋아서 어린 나도 그 매력에 푹 빠져버린다. 때때로 시공을 넘어서는 남녀 간의 사랑은 비극적이지만 낭만이 있고 순정하였다. 온갖 고난과 역경을 이기고 만난 이들이, 뜯어진 옷고름을 맞춰보거나 정표로 나누어 가진 거울이 딱 들어맞을 때의 감동이란! 그때의 설렘과 기쁨, 그리고 다행이라는 안도감이 주는 평온이 참 좋았다. 아직 젊었을 내 어머니와 그 이웃들도 이야기 속의 주인공처럼, 애절하지만 달콤하고 강렬한 사랑을 동경했던 것은 아니었을까.

밤이 이슥하도록 이어지던 다듬이 소리와 이마를 스치는 선선한 바람에 나도 모르게 소르르 잠이라도 들라치면 어머니는 어김없이 날 깨우셨다.

"얘야! 얼른 들어가서 자거라."

들어가기 싫다고 떼를 써도, 찬이슬 맞으면 안 된다며 기어코 집 안으로 들여보내셨다. 마지못해 자리에서 일어서며 올려다본 하늘에 은하수가 길게 흐른다. 나도 모르게 은하수에 내 입을 수직으로 맞춰본다. 딱 맞는다. 어느 틈에 벌써 별자리가 옮겨졌나 보다. 아직 한낮은 뜨겁지만 아침저녁으로는 색바람도 분다. 어느새 뜨겁고 긴 여름이 지나가는 길목에 상사화 꽃대가 올라오고, 햇곡식이 나오는 가을의 문턱에 다다른 것이다.

솔베지의 노래

더도 말고 덜도 말고 가윗날만 같으라는, 추석에서 열하루가 지나면 내 생일이다. 이 무렵은 대개 날씨도 좋아서 막바지 농작물이 익기에 알맞은 햇볕과, 높푸른 하늘이며 맑은 공기가 사람의 마음까지 환하게 한다. 어머니는 가끔 '말띠' 해에 온갖 곡식이 익어가는 가을 한복판에 태어났으니, 평생 동안 먹을 것이 풍부할 거라고 당신의 바람이 담긴 덕담을 하셨다. 가을은 말도 살이 찌는 계절이라고 하지 않던가.

어렸을 때는 생일이 되면 어머니가 수수경단을 해 주셨다. 백일부터 열 살이 될 때까지 찰수수로 팥단지를 해 주면 아이가 무탈하고 건강하게 자란다고, 그래서 한 해도 거르지 않았노라 하신다. 붉은 팥고물에 삶은 수수경단을 굴려서 만드는 이 수수 팥단지가 돌이나 어린이 생일상에서 빠지지 않는 것은 액을 면하게 하고, 특히 낙상하지 않고 잘 자라라는 의미가 내포되어 있다고 한다. 혹여 어른이 넘어지기라도 하면, "돌 때 수수 팥단지를 못 얻어먹었나!" 하며 놀리는 것도 다 그런 풍속에서 비롯되었나 보다.

내가 결혼할 때까지 스무 해가 넘도록 어머니는 해마다 생일상을 차려 주셨다. 미역국에 평소보다 색다른 반찬 한 가지라도 더 해서, 소박하지만 어머니의 정성어린 아침상을 받곤 하였다. 요즘처럼 촛불을 밝히고 케이크와 축하 노래는 없어도, 아버지와 어머니께 받는 생일 축하는 조촐하고 은근한 기쁨이 있었다. 언니, 오빠가 일찍 결혼하는 바람에 부모님과 단 세 식구로 지낸 지 오래여서 그 애틋함이 더했으리라.

언제였던가. 그 해 생일은 마침 휴일이었다. 미역국이라도 끓여주시겠지 생각하며 늑장을 부려 보았지만 별다른 기색은 보이질 않았다. 두 분 모두 내 생일을 잊으셨던 거다. 드러나게 섭섭했던 것은 아닌데도, 왠지 작은 틈으로 들어오는 한줄기 소소리바람 같은 게 한나절 내내 마음 안에 들락거렸다.

나도 모르게 조금 시무룩해져서 책을 뒤적이거나 낙서를 하던 중에 귀가 번쩍 뜨였다. 집에 있을 때면 늘 켜 두고 있는 라디오 FM의 한 음악 프로에서 내가 보낸 엽서가 소개되고 있던 것이다.

일주일 전쯤에 보낸 자축 엽서다. 아나운서가 내 글을 읽으면서 들려준 음악이 그리그의 〈솔베지의 노래(Solveig' s Song)〉였다. 오랜 세월 오직 한 사람만을 기다리는 순정한 여인 '솔베지의 노래'에 담겨진 내용도 안타깝지만, 가슴을 저미는 서정적인 멜로디가 어찌나 애절하던지. 은연중에 찹찹하던 기분이 음악에 고스란히 녹아내려서 실컷 울고 난 뒤끝처럼 개운했다.

그날 늦은 밤, 난데없이 밖에서 닭들이 푸드득거리고 한동안 툭탁이는 소리가 들려왔다. 작은방에 있던 나는 잠시 의아했지만 무심히 지나치고 말았는데 얼마 뒤에 부모님께서 부르셨다. 안방으로 건너가니 작은 상이 하나 놓여 있다. 소반 위에는 갓 삶아 내어 김이 펄펄 오르는 통닭 한 마리가 소금 접시와 함께 덩그러니 올라앉아 있는 게 아닌가.

"아이구, 얘야! 내가 네 생일을 깜빡했구나. 어째 그렇게 정신이 없는지. 글쎄, 자려고 드러누웠는데 갑자기 생각이 나지 뭐냐! 큰일 날 뻔했다 얘."

어머니는 오늘이 가기 전에 얼른 많이 먹으라시며, 연신 닭다리와 가슴살을 찢어서 내 앞으로 밀어 놓으시고는 미안해 어쩔 줄을 몰라 하셨다.

"아이, 엄마! 괜찮아요. 저도 잊어버리고 있었는데요, 뭐."

웃으면서 말은 그렇게 했지만, 아닌 밤중에 느닷없이 촉수 낮은 전등불 아래서 부모님과 셋이 앉아 삶은 닭고기를 먹자니 가슴이 먹먹해져 왔다. 깜빡했던 딸의 생일이 생각나자마자, 두 양반이 서둘러 닭을 잡아서 가마솥에 넣고는 싼 불로 후다닥 끓여 내셨을 터이다. 막내딸 생일 한 번 잊은 게 뭐 그리 큰일 날 일이라고.

연인 페르귄트를 기다리는 솔베지보다 더 애타는 마음으로, 해바라기처럼 평생 자식 바라기를 하며 우리 오남매를 기다리고 그리워하셨을 내 부모님. 나는 그렇게 부모님 품에서 스물네 번의 생일을 보냈다.

맨밥
한입 꿀꺽!

나는 정말 밥이 좋다. 평소에 빵이나 군음식을 먹다가도 뜬금없이 김치가 생각나고, 김치를 떠올리다 보면 어김없이 따끈따끈한 밥이 생각난다. 매콤하면서도 슴슴하게 잘 숙성된 김치의 너른 쪽을 척하니 펼쳐 놓고, 갓 지어내어 김이 모락모락 올라오는 밥을 얹어 돌돌 말아먹는 김치 쌈밥까지 연상하다 보면, 배가 고프지 않아도 참을 수 없도록 밥이 그리워진다.

숟가락 드는 것으로 시작해서 놓을 때까지, 사람이 한평생을 지탱하기 위해서 빼놓을 수 없는 것 하나가 바로 밥 아니던가. 그래서인지 밥심으로 산다고 하거나 밥맛 나는 세상이 좋다고도 한다. 사람마다 다르겠지만, 내게는 기분이 좋을 때가 가장 밥맛 나는 세상이다. 기분이 좋으면 저도 모르게 너그러워지고, 자기만의 틀에 굳은 마음까지 나긋나긋 풀어진다. 경직된 삶에 생기가 돌을 수 있도록 한줄기 여유가 생기는 것이다.

있는 그대로 받아주는 긍정의 말 한마디, 따뜻한 눈빛, 그저 씩 웃어주는 아침 인사까지 기분을 좋게 하는 것은 이루 헤아릴 수 없이 많다. 그중에서도 좋은 사람들과 함께 하는 소박한 밥상이야말로, 참나무 장작같이 뻣뻣한 나를 백양나무 사이로 지나가는 여름날 저녁 바람처럼 부드럽게 변화시킨다.

어릴 때 내가 살던 동네에는 주기적으로 들러서 여러 가지 해산물을 팔던 '광천아줌마'가 있었다. 커다란 알루미늄 양푼에 바리바리 쟁여진 건어물이나 해산물을 머리에 이고 와서 풀어놓으면 아줌마들이 둘레둘레 모여들었다. 그때는 돈을 주고 물건을 사기보다는 곡식을 내주고 필요한 것을 바꾸는 물물교환에 가까웠다. 곤쟁이젓, 알배기 조기, 뱅어포, 멸치 등의 해산물을 고추나 콩, 보리쌀과 같은 농산물로 맞바꾸는 것이다. 광천아줌마가 집에 돌아갈 때면 자기 몸보다 훨씬 더 큰 보따리를 고개가 휘도록 머리에 이고 갔다. 그녀가 다녀가는 날이면 푸성귀로 채워지던 우리 집 밥상이 달라졌다.

그렇게 곡식과 맞바꾼 찬거리 중에 내가 가장 좋아하는 것은 소금에 절인 갈치였다. 알맞은 길이로 토막을 낸 염장갈치 위에 파와 고춧가루를 살살 얹어서 노란 양재기에 담아 밥솥에 쪄내면, 나는 몇 번이나 밥을 더 퍼다 먹곤 하였다. 햇살 좋은 가을날, 벼 베기를 하는 논두렁에 둘러앉아 듬성듬성 푸르대콩이 들어간 흰쌀밥을 한 숟가락 듬뿍 떠서, 가시를 발라낸 갈치의 하얀 속살을 얹어 먹는 맛이란!

어려서부터 먹던 음식이라 그런지 첫아이를 임신하여 입덧으로 아무것도 먹지 못할 때에도, 어릴 적 논두렁에서 먹던 그 짭조름하고 감칠맛 나던 갈치만이 생각났다. 그러나 눈앞에 삼삼하도록 그리워했던 것은 갈치와 더불어, 가마솥에 불을 때서 갓 지어낸 밥과 사랑이 곁들여진 엄마의 손맛이었다.

그런데 얼마 전, 한 달이 넘도록 그 좋아하는 밥을 제대로 먹지 못하였다. 전복죽, 잣죽, 그냥 흰죽, 매생이죽, 죽을 먹다 지치면 누룽지를 끓여 먹어봐도 무엇 하나 신통하지를 않았다. 먹어도 먹은 것 같지 않고 속이 텅 빈 것처럼 허전하기만 하였다. 참다못해 밥을 슬쩍 먹어보면 영락없이 몸에서 거부 반응을 일으킨다. 전에 고생했던 식도염이 도진 것이다.

공복이면 화끈하게 달아오르는 통증의 강도는 심해지고, 음식을 먹으면 명치 아래에 돌멩이라도 하나 달려 있는 느낌이다. 무슨 미련이 많아 속시원히 내려가지 못하고 허구한 날 명치끝에 매달려 있는 것일까. 의사의 말은 스트레스가 가장 큰 원인이라고 하였다. 성격적으로 스트레스를 받는 일이 없는 줄 알았는데, 나야말로 스트레스를 달고 살았나 보다. 문제는 어떻게 그것을 해소하느냐다.

문득 어렸을 때 작은 생선 가시가 목에 걸리면 엄마가 해주시던 말 한마디가 떠오른다.

"애야, 맨밥 한 숟가락 떠서 한입에 꿀꺽해 봐라!"

어린 나는 어머니가 시키는 대로 맨밥을 한 숟가락 입에 넣고 꿀꺽 넘겨버린다. 어떤 때는 가시가 단번에 넘어가기도 하고, 안 되면 한 번 더 해본다. 눈을 질끈 감고 맨밥을 한입에 꿀꺽 삼키면 어느새 목에 걸렸던 잔가시가 함께 넘어가는 것이다.

어머니는 세상살이도 마찬가지라고 하셨다. 힘들고 어려운 일도 맨밥 넘기듯 꿀꺽 넘기는 것이라고. 이제는 내려놓아도 좋을 소소한 걱정거리부터 마음에 가시가 걸리는 일이 있으면 스트레스 받지 말고 꿀꺽 삼켜버려야 할 것 같다. 그래야 내가 좋아하는 사람들과 맛난 밥 한 끼 제대로 먹을 수 있지 않겠는가. 발화하는 순간 사라지고 마는 인사치레가 아니라, 진심으로 "언제 밥 한 끼 먹자!"고 할 수 있도록.

푸른 언덕이 그리운 날

가끔 언덕에 오르고 싶을 때가 있다. 편안하고 느긋할 때보다 마음이 옹색해질 때 더욱 그러하다.

나는 어린 시절 집 뒤에 있는 언덕을 뒤란 드나들듯 오르내렸다. 언덕 위에 올라서면 어린 마음에도 뭔가 거칠 것이 없어 보였다. 마을 앞쪽으로 너른 들판이 펼쳐져 있고 그 들판 끝으로 멀리 산들이 보였다. 하루에도 몇 번씩 아버지 허리띠처럼 작은 기차가 고물고물 산모롱이를 돌아 나오거나 사라지는 것을 보는 게 무척 즐거웠다. 기차는 '뽀옥' 하는 기적을 울리곤 했었는데, 그 소리에는 아련한 그리움이거나 혹은 기다림 같은 게 배어 있었다.

장에 가시거나 먼 곳에 출타하신 아버지를 기다리던 곳도 그 언덕이었다. 아이들과 놀다가 심심해지거나 날이 어둑해지면 마을로 들어오는 정문(旌門)고개를 목을 늘여 바라다보며 나는 아버지가 빨리 오시기를 기다렸다. 어쩌면 아버지보다 아버지 손에 들려 있던 '누가사탕'이나 '허풍선이과자'를 더 기다렸을 것이다.

언덕은 동네 아이들의 놀이터였다. 아이들은 누가 따로 돌보아 주지 않아도 저희들끼리 잘 어우러졌다. 사내아이들은 검불투성이가 되도록 씨름을 하거나 연날리기를 했고, 여자아이들은 골판지를 가져다 잔디 비탈에서 미끄럼을 탔다. 언덕에 해가 지기 시작하면 아이들을 부르는 소리가 유난히 잘 들렸다. 하나둘씩 아이들이 집으로 돌아가고 나면 언덕은 저 혼자 깊은 침묵으로 빠져든다.

대여섯 살쯤의 일이다. 뒤란에서 세수를 하다 보니 언덕 위에 집채만 한 구름이 걸려 있다. 나는 구름을 퍼 담으려고 세숫대야를 들고 쫓아 올라갔지만, 구름은 어느새 하늘로 더 높이 올라가 있었다. 그 일이 우리 집에서는 두고두고 얘깃거리가 되었다. 엄마는 내가 통곡을 하듯 서럽게 울더라 하시었고, 바로 위의 언니는 데굴데굴 뒹굴었다고 놀려댔다. 그때마다 머쓱한 나를 보며 아버지는 허허 웃기만 하셨고 나중에는 나도 덩달아 웃어버렸다.

언덕에서 머물다 간 것은 구름 말고도 참 많은 것들이 있었다.

가을에는 참깨 단이 줄지어 세워졌고, 양지바른 곳에는 고추 멍석이 펼쳐지기도 하였다. 봄에는 과년한 처녀가 있는 집에서 이불홑청 감으로 끊어 두었던 광목을 삶아서 내다 너는 일도 흔히 있었다. 누런 빛깔의 깃광목을 새하얗게 바래기 위해서다. 놀이터를 빼앗긴 개구쟁이들이 광목 필 위에 검은 손자국을 내고 달아나면, 주인이 소리를 지르며 쫓아가고는 하였다.

언덕은 내가 밤길에 업혀가던 아버지의 등처럼 믿음직했다. 말없고 듬직한 것이 무슨 투정이든 다 받아줄 것만 같았다. 어른들께 꾸중을 듣고 눈물이 글썽글썽해서 올라갔다가도 내려올 때는 가슴이 홀가분해지곤 하였다. 어쩌면 한걸음 한걸음씩 언덕길을 오르면서 고해성사라도 하듯이 자신을 되돌아보았는지 모른다.

나는 얼마 전, 유년의 그곳을 다녀온 일이 있다. 어려서는 아이가 아버지를 기다렸고, 자라서는 아버지가 자식들을 기다려 올라가시곤 했던 언덕, 그러나 그 언덕은 이제 옛 모습이 아니다. 커다란 바위가 묻혔던 언덕의 꼭대기만 남겨두고 주변은 모두 밭으로 일구어졌다. 언덕의 달라진 모습은 내 어린 시절의 한 부분을 지워버린 것처럼 허전하게 했다.

자라서 남을 의식할 나이가 되고 나서는 언덕에 오르는 일이 적어졌다. 결혼을 하고, 더구나 아버지가 돌아가신 뒤로는 그곳에 찾아가는 일조차 쉽지가 않다. 아버지가 계시지 않은 지금은 어디에도 푸근하게 기대어 설만한 곳이 드물다는 생각에 그 언덕이 더욱 그리워진다.

아이들과 마음껏 뛰어놀거나 언짢은 일이 있을 때마다 찾아갔던 푸른 언덕, 어린 내가 조금씩 생각의 깊이를 키워가던 그런 언덕이 지금도 내 곁에 하나 있었으면 좋겠다. 그곳에서 자신도 모르게 움츠려지고 경직되었던 마음을 펴고, 크게 숨 한 번 내쉬면 마음에 쌓인 더께들이 시원하게 풀릴 것만 같다.

그러나 멀리 있다거나 이미 잃어버린 것들을 그리워만 할 일은 아니다. 이제까지 상대에게만 모든 것을 기대고 의지해 왔다면 가끔은 내 쪽에서 먼저 그에게 등을 대어주고 싶다. 필요하다면 누군가가 무거운 어깨를 내리고 잠시 쉴 수 있도록 내 마음속에도 넓은 언덕 하나 지니고 살게 되기를 바란다.

오아시스 오알와이

백로가 지나자 아침저녁으로는 제법 선선하다. 하늘이 유리같이 맑은 날, 길가의 코스모스가 반갑다고 인사라도 하듯이 해사한 얼굴로 살랑바람에 한들거린다. 코스모스 꽃을 보면 푸른 하늘 아래 반짝이며 달리는 자전거 바퀴의 은빛 동그라미 두 개가 떠오르고, 금방이라도 길을 비키라며 "따릉따릉 따르릉!" 방울 소리가 뒤따라 올 것 같다. 그 소리를 따라서 신나는 가을 풍경 한 자락이 눈앞에 선히 펼쳐진다. 면 소재지, 초등학교 운동회 날이다.

하늘은 높푸르고 운동장 위에는 만국기가 펄럭인다. 광목 빛깔 차일을 쳐놓은 본부석에는 가슴에 꽃을 단 어른들이 어깨에 힘을 주며 배를 불쑥 내밀고 앉아 있다. 본부석 옆으로도 몇 개인가의 별 가리개가 준비되어 있지만, 이미 발 빠른 이들이 차지해서 대부분의 사람들은 마을별로 모여서 운동장가 나무 그늘 아래 자리를 잡는다. 대개 추석 뒤에 열리는 가을운동회는 학교뿐만 아니라 지역민들과, 오랜만에 고향에 내려온 사람들까지 함께 즐기는 큰 잔치다.

다른 날보다 예뻐 보이려고 짧은 머리를 물로 적셔서 옆가르마를 타고 부지런히 학교엘 가면, 학생보다 물건 파는 사람들이 먼저 와서 교문 앞은 벌써부터 시끌벅적하다. 여러 가지 장사꾼들이 진을 치고 있었지만, 그 중 얼른 눈에 띄는 것이 솜사탕이다. 짐자전거 뒤에 올려놓은 기계를 뱅뱅 돌려서 나무젓가락에 꽃구름처럼 감아주던 연분홍빛 솜사탕이 어찌 그리도 맛있어 보이던지. 그러나 솜사탕은 맛과는 거리가 있었다. 뒷맛이 달기만 할 뿐, 혀에 닿기가 무섭게 사르르 녹아버려서 먹으면 먹을수록 허기만 들었다. 이것 참, 신기루 같다는 생각을 하였다.

사회 시간에 사막에 대해 배우면서 처음으로 들어본 오아시스와 신기루에 대해 선생님께 들은 설명이 무척 인상적이었나 보다. 사막을 지나는 사람들은 물과 나무가 있는 오아시스를 찾아서 멀고 먼 길을 간다고 했다. 가도 가도 물은 없고 불같이 뜨거운 태양과 끝없이 펼쳐진 모래밭. 사람들은 목이 마르고 지친 상태에서 멀리 오아시스를 발견하고 신이 나서 달려가지만, 가보면 오아시스는 어느새 마법처럼 사라지고, 그곳은 그냥 황량한 모래벌판일 뿐이라는 것이다. 눈앞에 보이던 것이 스르르 사라져버리는, 그것이 신기루라고 하였다.

솜사탕과 함께 눈에 확 띄는 것은 나팔이다. 입으로 불면 붉거나 노란색으로 된 것이 긴 혀처럼 주르륵 튀어나왔다가 도르르 말리는 나팔, 파는 사람이나 사는 사람이 수시로 불어대니 학교 운동장은 하루 종일 장난감 나팔 소리가 끊이질 않았다. 그 가을 하루, 나팔 소리와 함께 운동장에서 맴돌던 소리는 수도 없이 많았다.

마이크 앞에서 교장 선생님이 "여러분!" 하고 운동회 개회사를 시작하면, 플라타너스 나무에 매단 스피커에서 "여러분! 여러분! 여러분!" 하며 메아리치던 것부터, '헤쳐! 모여!'를 지시하는 호루라기, 팥 주머니를 던져서 점심시간을 알리는 통일박 터지는 소리까지 왁자하니 사람 마음을 들뜨게 하였다. 때때로 인파를 헤집고 돌아다니는 자전거의 맑고 투명한 방울소리도 들려왔다. 수십 년이 지난 지금도 솜사탕을 보거나 자전거에서 '따르릉' 하는 소리가 들리면 계절에 상관없이 가을운동회가 떠오른다.

오전 행사가 끝나고 자기 마을 사람들이 모여 있는 곳으로 가면, 이 집 저 집에서 준비해 온 음식이 모두 꿀맛이다. 이때쯤이면 꼭 등장하는 사람이 있었다. 그는 어깨에 비스듬히 작대기를 메고, 양쪽 끝에는 나뭇잎으로 감싼 떡이 들어 있는 투명한 통을 매달았다. 맹감떡 장수가 사람들 사이를 요리조리 비집고 다니며 나지막하게 "맹감 떠억!"을 외치면, 왠지 그 목소리가 쫀득한 찰떡처럼 감칠맛 나게 귀에 착 달라붙었다.

점심시간이 지나고 분위기가 약간 느슨해졌을 때 정신을 번쩍 나게 하는 소리가 바로 달리기의 출발을 알리는 딱총 소리다. 여섯 명씩 준비 자세로 출발선 앞에서 딱총 소리를 기다리는 시간은, 장티푸스 예방주사를 맞을 때보다도 더 떨리고 두근거렸다.

교문 안쪽으로 나란히 서 있는 아까시나무 아래에서는 청군과 백군으로 나뉜 응원전이 뜨겁게 펼쳐진다. 본부석 앞에 있는 커다란 점수판에 양쪽 팀의 점수가 바뀔 때마다 희비가 엇갈리는 환호와 박수 소리가 요란하다.

"짝짝짝! 짝짝짝! 짝짝짝짝 짝짝짝!"

아이들은 응원대장의 몸짓대로 박수를 치고 소리도 질러댔다. 흥을 돋우는 삼삼 칠 박수가 신이 났고, 뜻도 모르며 따라하는 영어 응원도 즐거웠다.

"푸레이, 푸레이, 백군 푸레이!

"오아시스 오알와이!"

아는 만큼 들린다고 했던가. 오아시스란 말만 선명하게 들렸다. 나는 우리 편이 이기기를 바라면서 무슨 말인지 뜻도 모른 채 응원단장을 따라서 한 음절 한 음절에 힘을 주어 목청껏 응원했다.

연이은 승리의 기쁨으로 온 나라가 응원의 열광에 빠졌던 2002년 월드컵 경기 때 이웃집 형님이 물었다. 도대체 응원가에 미스 코리아가 왜 나오느냐고.

"거 왜 있잖아, 오~미스 코리아! 오~미스 코리아!"

"아, 그거요. 오~필승 코리아! 오~필승 코리아!"

그 양반은 인생 나이 5학년이라는 오십 대 중반이었다. '오 필승 코리아'를 '오 미스 코리아'로 알아들었던 이웃집 형님에게서, '브이아이시티 오알와이'를 '오아시스 오알와이'로 알아들었던 내 모습이 겹쳐온다. 그런데 응원 단장이었던 상고머리의 그 친구는 바르게 알고 외쳤던 것일까.

그때, 열두 살 5학년이 처음 들어본 영어 한마디는 언제 들어도 기분을 들뜨게 하는 응원의 외침이다. 내 삶에 힘을 북돋아 주는 마법의 주문처럼 신기루가 아닌 진짜 오아시스 같은 말.

오아시스 오알와이! V-I-C-T-O-R-Y!

어머니의 꽃밭

어머니는 꽃을 좋아하셨다. 그래서 집 안에 당신의 눈길이 닿는 곳이면 어디고 꽃을 심어 놓았다. 크지는 않았지만 앞마당에 꽃밭이 있었고 뒤란으로 부엌문을 열고 나가면 장독대 옆, 그리고 바로 문 앞에도 꽃밭이 있었다.

내 방의 밖으로 난 창문 앞에도 조그만 채소밭을 나누어서 화단을 만들었다. 앞줄에는 채송화나 맨드라미가 자리 잡고, 꽃밭 가운데를 백일홍과 참나리로 꾸몄다. 봉숭아와 백일홍은 그 옆자리를 지키고, 화단 안쪽에서 족두리꽃이 분홍과 흰빛이 섞인 꽃잎을 하늘거리며 웃었다. 꽃모양을 따라 족두리꽃이라 부르지만 바람에 흔들리는 꽃의 모습이 나비를 닮았대서 풍접초라고 한다. 참으로 흔하고도 수수한 꽃들이 소박한 여름 화단을 풍성하게 해주었다.

유난히 분꽃을 좋아하시던 어머니는 화단마다 앞 가장자리에 분꽃을 심었는데, 초가을에는 분꽃의 까만 씨앗을 받는 일도 잊지 않으셨다. 봄이면 뒤란으로 난 부엌문 앞에 일렬횡대로 분꽃을 심어두고 물이나 혹은 쌀뜨물 같은 것을 주시면서 정성을 들였다. 그것은 일년초라고는 믿기지 않을 만큼 일 미터가 넘도록 실하게 자라서 굵은 줄기와 많은 가지를 거느렸다. 보기에 따라서는 모양 좋은 정자나무 형태를 하고 있었다. 줄줄이 늘어서서 짙푸른 잎에 별 모양의 작고 귀여운 꽃을 달고 있는 모습이 참으로 산뜻했다.

분꽃은 흰색, 노란색, 분홍색, 혼합된 색 등으로 피는데 색상이 맑고 선명하다. 화려하진 않지만 꽃이 주는 분위기가 매우 정갈하면서도 청순하다. 꽃은 낮에는 오므라들고 저녁 무렵에 피기 때문에 four-o'clock 이라는 영어명이 붙어 있기도 하다.

찌는 여름, 뜨거운 한낮이 지나고 엷은 바람이 이는 저녁 무렵이면 분꽃이 하나 둘 피기 시작한다. 어머니는 "벌써 분꽃이 피었네, 저녁밥 해야지."라며 하던 일을 멈추곤 하셨는데, 그때만큼은 벽에 걸려 있는 괘종시계가 제 역할을 하지 못하였다.

밥 짓는 시간까지도 자연 속에 녹아들었던 참으로 아름다운 시절이다. 그때는 누구네 집에서든지, 또는 어느 곳에서고 흔하던 그 꽃들이 지금은 잘 볼 수가 없다. 누가 일부러 가꾸려 하지 않고 귀히 여기지도 않기 때문이다.

취향도 반복과 길들여짐의 영향을 받는 것일까. 외국에서 들어온 화려하고 탐스러운 꽃과 개량종 꽃들이 널리 퍼져서 이제는 그런 꽃들이 오히려 우리 생활과 눈에 더 가깝고 익숙한 것이 되어버렸다.

어느 해 여름, 서울에 사는 우리 집에 다니러 오셨던 어머니와 함께 산책을 나갔다가 아파트 단지 안에 피어 있는 분꽃을 보았다. 누가 심었는지 모르지만 소담하게 자라서 진분홍과 하얀색의 꽃들을 활짝 피우고 있었다. 아마 그때가 저녁밥 지을 시간이었던가 보다.

"아이고, 얘야, 여기 분꽃 좀 보아라!"

어머니는 고향의 반가운 지기(知己)라도 만난 듯 기뻐하셨다. 어머니에게는 여름과 분꽃과 저녁은 동일한 색채의 그림으로 자리하고 있었을는지도 모른다.

어렸을 때, 무더운 여름날 저녁밥은 으레 안마당에서 먹곤 하였다. 대문을 활짝 열고 안마당에 햇밀짚으로 엮은 자리를 펼쳐 놓고 두레상을 옮겨 놓는다. 별미라도 하는 날은 가까운 거리의 작은집 식구나 옆집 할머니도 불렀다. 그해에 거둔 밀짚으로 새로 짠 밀대자리는 노르스름한 빛을 띠며 푹신하고 매끄러웠다. 새 밀대자리에서는 알싸하니 마른풀 냄새가 났다. 그 위에 둘러앉아 우리는 땀을 뻘뻘 흘리며 밀장국을 나누어 먹었다. 애호박을 숭숭 썰어 넣고 약이 바짝 오른 고추도 다져 넣은 밀장국은 눈물이 핑 돌도록 맵고 뜨거웠다. 그때쯤이면 뉘엿뉘엿 넘어가는 엷은 햇살을 받으며 화단가에 핀 분꽃이 더욱 해사했다.

해가 지고 자리가 바깥마당으로 옮겨지는 동안 어머니는 설거지를 마치고 세수를 하셨는데, 그때 마지막 작업이 남은 물을 화단에 뿌려주는 일이다. 때맞춰 꽃씨를 심고 알맞은 자리를 찾아 모종도 하고, 마르지 않도록 수시로 물을 주며 돌보셨던 어머니. 어쩌면 그때의 많은 꽃, 분꽃을 포함한 많은 꽃들은 어머니의 특별한 사랑을 받아서 피고 지는 일에 게으름이 없었나 보다.

어스름한 저녁에 수수한 꽃들이 수더분한 사람들과 함께 어우러지던 여름. 유난히 더위가 심한 올여름에는 대문이고 방문이고 모두 활짝 열어 놓고 지내던, 어린 시절의 시골 풍경이 그립다. 집에 들어오기가 무섭게 선풍기를 켜거나 창문까지 꼭꼭 닫고 에어컨을 틀어야 더위가 가시는 요즈음엔 더욱 그렇다.

더우면 더운 대로, 시원하면 시원한 대로, 주어진 환경에 슬기롭게 적응하던 그 시절이 지금보다 훨씬 자연에 가까웠다. 이제는 다시 돌아갈 수 없다는 아쉬움 때문일까. 비록 소박한 음식이라도 이웃과 함께 나누고, 작은 꽃 하나에도 즐거워하며 살았던 그때가 아주 먼먼 옛날 같기만 하다.

여름 이야기

내가 어렸을 때 아버지는 여름 낚시를 무척 즐기셨다. 막내인 나는 자주 아버지의 낚시 길에 따라 다녔다. 맥고모자에 긴 대나무 낚싯대를 어깨에 걸치고 들풀이 우거진 수로를 따라 휘적휘적 걸어가시던 아버지의 모습이 눈에 선하다.

마을에서 삼십 분쯤 걸어가면 아산만에서 바닷물이 흘러 들어오는 갯고랑이 있었다. 지금은 아산만 방조제로 물길이 막혀 갯물이 들어오지 않지만 그때만 해도 밀물 썰물이 정확했다. 갯고랑에는 갯논의 침식을 막기 위해 돌로 방파제를 쌓아 놓았는데 그곳이 아버지께서 즐겨 찾으시던 장소다.

나는 아버지가 왜 그렇게 낚시를 좋아하시는지 궁금했다. 물에

다 낚싯줄을 던져 놓고 고기가 미끼를 물기만 기다리며 온 신경을 낚싯대 끝으로 모으고 바라다보는 일에 큰 즐거움이 있을 것 같지가 않던 것이다. 내가 궁금해 하면 아버지는 그 맛을 알려면 직접 해봐야 된다며 '펄펄 뛰는 고기를 잡아채는 손맛'이라 하셨다. 그 짜릿한 손맛이 찌는 듯한 더위도 아랑곳없이 아버지를 낚시 삼매에 들게 했나 보다.

미끼를 던지고 한참을 지나도 고기가 입질하는 기미가 없으면, 아버지는 낚싯대를 번쩍 치켜들고 낚싯줄을 다시 멀리 던져 넣으셨다. 그때마다 긴 대나무가 낚싯줄을 매달고 앞뒤로 왔다 갔다 했는데 동작은 크지만 모든 일이 소리 없이 이루어졌다. 그 자세가 얼마나 진지했던지 옆에서 지켜보던 나는 숨소리도 크게 내지 못하였다. 낚싯대 끝에 묶여서 포물선으로 떨어지는 투명한 줄처럼 팽팽한 긴장감이 온몸을 조이는 것 같았다.

아버지가 갯고랑에서 낚시를 하실 때면 가끔 지나가는 사람들이 얼마나 잡았느냐고 묻는다. 그때마다 아버지는 빙긋이 웃으며 대답하셨다.

"예, 지금 잡으려고 하는 것 말고 아홉 마리만 더 잡으면 열 마리가 됩니다."

그러면 대부분의 사람들이 열 마리라는 숫자에 "아, 많이 잡으셨습니다." 하고 놀란다. 그리고 저만큼 가다가 뒤늦게 "허허 참!"

하고 웃는 소리가 들렸다.

미끼가 살아 있는 지렁이라서 그랬을까. 낚시 바늘에는 주로 민물장어와 메기가 달려 나왔는데, 어쩌다 빠가사리 같은 것이 걸리기라도 하면 아버지는 혀를 차며 바늘을 뽑은 뒤 도로 물에다 획 던져 넣으셨다.

한자 이름으로는 황상어, 동자개라고도 하는 이 물고기가 빠가사리라는 이름으로 불리는 것은, 저들이 위험을 느낄 때 가슴지느러미를 관절과 마찰시켜 '빠각빠각' 하는 소리를 내는 것에서 유래되었다는 이야기를 재미있게 들어서 일까. 빠가사리 매운탕이 음식점 메뉴에 올라 있는 것을 보고 신기하게 생각한 적이 있다. 아버지는 물고기 축에 넣지도 않았던 것이 식당에서는 비싼 값으로 대접받고 있는 것이다.

초등학교 4학년 여름이었다. 그날도 아버지를 따라 낚시터에 갔던 나는 혼자 놀기가 심심하고 덥기도 해서 갯고랑 바로 옆에 농업용수가 흐르는 봇도랑으로 갔다. 봇도랑에는 갯고랑으로 물을 내보내기 위해 설치된 작은 수문이 있었다. 거기에 설치된 구조물을 잡고 살살 기어 내려가 수문 위에 걸터앉아 물에 발을 내리고 놀았다. 마침 수문이 들어 올린 채 열려 있어서 시퍼런 물살이 발밑에서 소용돌이를 일으키며 갯고랑으로 밀려 나갔다.

한참 뒤에 둑 위로 올라 왔을 때는 방파제에서 낚싯대를 지키고 계시는 줄 알았던 아버지의 모습이 보이지 않았다. 머리 위에서 한낮의 태양이 이글거리고 사람이라고는 그림자도 보이지 않는 외진 곳에 갑자기 숨이 멎을 것 같은 정적이 밀려왔다.

그때 마을 쪽에서 급한 걸음으로 오시는 아버지가 보였다. 나를 보고 뛰다시피 다가서는 아버지의 얼굴이 술에 취하신 듯 벌겋게 달아올라 있었다. 아무 말도 못하고 낚아채듯 나를 끌어안으신 아버지의 두 팔이 후들후들 떨리는 것이 느껴졌다.

갑자기 아이가 보이질 않아서 허둥지둥 집에 가 봤지만 아직 돌아오지 않았다 하고, 열려진 수문에서 물이 폭포처럼 쏟아져 내리는 것을 보고 아버지의 속이 숯검정처럼 타들어 가셨으리라. 어린 것이 물 빠지는 수문 위에 걸터앉아 있을 거라고 누군들 상상했을까.

그 일로 아버지께서 한 이틀 크게 앓아 누우셨다. 나중에 어머니에게 들은 이야기지만 아버지는 내가 물에 휩쓸려 떠내려간 줄 알고 십년감수하였노라고 하셨다 했다. 그렇게 해서 그 여름 아버지와의 낚시 길 동행은 끝이 났다. 그 뒤로는 아버지께서 날 데리고 다니질 않으셨던 것이다.

여름이 오고 대나무와 뜨거운 태양, 바람에 흔들리는 들풀을 보면 낚싯대를 메고 가시던 아버지의 생전 모습이 떠오른다. 당신이 그렇게 좋아해서 낚싯줄에 매다는 추(錘)까지도 손수 납을 녹여서 만들어 쓰시던 낚시의 매력을 아직도 나는 알지 못한다. 그러나 삼복더위에 공복도 잊은 채 낚시에 깊숙이 빠지셨던 아버지의 그 몰아(沒我)에 대해서는 알 것 같기도 하다.

이제 나도 세상살이에 조금 익숙해질 나이가 되어서일까. 한여름 땡볕 아래서 미동도 없이 앉아 계시던 아버지의 모습은 바로 극기하는 사람의 자세였다는 생각이 드는 것이다.

겨울의 소리

먼 곳에서 지하철 지나가는 소리가 들린다. 어린 시절 대청마루에 누워서 듣던 밤기차 소리와 흡사하다. 여름날 무논에 가득한 개구리의 울음소리 같기도 하고, 어떻게 들으면 푸근한 겨울밤, 눈이 녹은 길을 여럿이서 걸어갈 때 나던 소리 같기도 한다.

똑같은 소리도 계절이나 시간에 따라 달리 들리는 것은 받아들이는 마음이 다르기 때문일까. 그중에도 겨울, 특히 밤에 들리는 소리들은 고향에서 경험했던 지난날의 각별한 풍경을 담아낸다.

고향집이 있던 곳은 한적한 산비탈 아래다. 뒤꼍에 대숲이 있어서 청정한 바람이 사철 드나들었다. 마당가에는 땅의 보조개처럼 빛나던 샘물을 두고, 그 위로 귀여운 열매를 손자 녀석처럼 키워

가던 늙은 감나무 한 그루가 지켰다. 하늘이 높아만 가는 계절, 작은 바람에도 홍시를 떨어뜨리던 감나무 아래는 곱게 물든 나뭇잎이 수북이 쌓였다. 코끝에 싸한 기운이 감돌면 사람들은 가을걷이를 끝내고 겨울 갈무리에 들어간다.

지레김치가 슴슴히 익어가고 미리 담아 둔 동치미 국물이 맛들기 시작하는 음력 시월상달에 길한 날을 잡아 동제를 지냈다. 일종의 추수 감사제이다. 대개는 이때 여느 집에서도 시루떡을 찐다. 그런 날 저녁 아이들은 유난히 즐거웠다. 당산(堂山)에 시루가 올라간 후, 이웃 간에 가을 고사떡을 돌리는데 그 일이 아이들 몫이었다. 두세 명씩 짝을 지어 다니며 "떡 가져 왔어요." 하고 외치는 소리가 대문간을 흔들었다. 들어온 떡이 채반으로 가득하다는 말이 있듯이 이 집 저 집에서 떡을 나누고, 사람들은 곳간에 쌓인 나락만큼이나 인정이 도타웠다. 겨울이 오는 길목에서도 사람살이가 훈훈하고 맛이 났다.

반가운 손님처럼 첫눈이 내리면 겨울은 저 혼자 깊어간다. 사람들은 안으로 들어앉기를 좋아하고 생각 또한 안으로 가라앉는다. 조용히 내면의 세계를 응시하며 자신을 돌아보게 되는 것이다.

겨울밤에는 귀가 더욱 예민해지는 모양이다. 얼어붙은 땅 위로 무엇인가 바람에 날리는 소리, 벽에 걸린 시계의 초침이 돌아가는 소리, 창틈으로 스미는 밤공기의 미세한 떨림 등이 예사롭지 않게 들린다.

가만히 귀를 기울여 보면 지구가 자전할 때 난다는 소리가 들리는 듯하다. 지구가 회전을 할 때에는 굉음을 내지만 진공 상태이기 때문에 소리가 전달되지 않는다고 한다. 그렇게 큰 소리도 진공 상태에서는 전달이 되지 않듯이, 아무리 좋은 소리도 마음의 귀를 열어 놓지 않으면 들을 수 없다. 과연 나는 제대로 된 소리를 내고 있는지, 또 들어야 할 소리를 제대로 귀담아들을 줄 아는지 생각해 본다.

어렸을 때는 방안에서 소리만 듣고도 밖에서 일어나는 온갖 일들을 볼 수 있다고 믿었다. 투덕투덕 가까워지다가 멀어지는 발자국 소리. 사랑방에 모여 내기 장기를 두던 어른들이 왁자하니 흩어지는 소리. 인기척에 놀란 동네 개들이 일제히 짖어대는 소리. 고부간이나 혹은 모녀간에 손을 맞추어 내던 청아한 다듬이 소리. 그때쯤이면 지나가는 찹쌀떡 장수의 "찹쌀떡이나 메밀 무욱!" 하고 길게 외치는 소리가 어린 속눈썹 끝에 매달린 잠을 씻어 갔다. 끈질기게 조르는 성화에 못이긴 어머니가 뒤늦게 방문을 열고 나가지만, 찹쌀떡 장수는 이미 지나가버린 뒤여서 구성진 소리만 멀리서 들려왔다.

밤이 더 깊어지면 사방은 정적에 잠긴다. 가끔씩 바람에 날리는 눈발이 창호지문을 두드릴 뿐, 옆 사람의 숨소리까지 헤아릴 수 있을 만큼 고요하다. 밤늦도록 촉수 낮은 전등불 아래서 언니는 친구와 함께 수를 놓았다. 그 옆에서 가물가물 졸던 나는, 길섶으로 난 들창 쪽에서 난데없이 들리는 빼꾸기 소리나 휘파람 소리에 귀를 쫑긋하곤 하였다. 언니들은 웃음을 깨물며 숨을 죽였고, 안방에선 어김없이 "어흠! 흠!" 하시는 아버지의 기침 소리가 들려왔다.

아버지의 기침 소리는 동네에서도 유명했다. 인기척을 내야 할 때면 꼭 헛기침을 하셨는데, 그 소리가 강하면서 아주 독특했다. 평소에 식구들은 기침 소리의 길고 짧음이나 높낮이에 따라 아버지의 심기를 헤아리곤 하였다. 사리가 분명하고 그른 일에 엄해서 내남없이 아버지를 어려워했다. 동네 젊은이 중에는 아버지의 기침 소리가 들리면 오던 길을 돌아서 가는 이도 있을 정도였다.

아버지는 겉으로 엄하게 보였지만 안으로는 따뜻하고 잔정이 많으셨다. 직장에 다닐 때, 겨울에는 해가 짧아서 퇴근길이 늘 저물었다. 금방 땅거미가 진 길은 한 치 앞도 보이지 않을 만큼 캄캄했다. 인가에서 떨어진 길을 혼자 걷노라면 어렸을 때 들었던 무서운 이야기도 생각나고, 제 발소리에 놀라 가슴이 철렁해지기도 한다. 그럴 즈음 저만치서 아버지의 기침 소리가 아버지보다 먼저 마중을 나왔다. 그때 아버지의 "나다." 하시던 한마디가 얼마나 나를 마음 놓이게 했던가. 돌아오는 길에 아버지는 조끼 주머니에서 삶은 밤이나 땅콩을 꺼내 주시곤 하였다.

아버지와 함께 걸으면 별다른 이야기가 없어도 마음이 편안했다. 아버지와 나 사이에 공유되던 그 무엇이 있기 때문이다. 아마도 그것은 겨울밤처럼 묵직한 서로에 대한 믿음이 아니었을까.

해마다 겨울이 다시 오고 다양한 삶의 모습이 펼쳐지지만 지나간 날은 다시 오질 않는다. 가슴이 따뜻한 사람처럼 많은 것을 포용하는 겨울밤에는 오래 전에 돌아가신 아버지의 기침 소리가 무척이나 그립다.

Chapter 3

열차 안 풍경

어느 화창한 봄날에

음력 정월 대보름이 지나면 사방에서 봄의 기척이 감지된다. 갓 담근 나박김치 속에 동동 떠 있는 미나리 순이나 배추 고갱이 한 조각, 봄물 같은 하늘이며 투명한 공기가 사람의 마음을 살짝 살짝 흔들어 놓는다. 집에 들어서면 굴속같이 컴컴하고 왠지 자꾸 밖으로만 나가고 싶어지는 것까지 봄을 말하는 듯하다. 발코니에 나가 내려다보니 주차장 가에 늘어선 은행나무의 가지 끝마다 금방이라도 새순을 밀어낼 듯이 한창 물오른 모습이 보인다. 불쑥, 지방에서 근무하고 있는 남편에게 가고 싶어졌다.

장롱을 열고 지난 연말 모임에서 선물로 받은 스카프를 꺼냈다. 분홍의 강렬한 장밋빛 스카프는 가장자리에 반짝이는 장식까지 달려서 무척 화사하다. 처음에는 너무 화려한 게 아닐까 망설였지만 목에 두르고 이리저리 모양을 내다보니 점점 마음이 흡족해졌다.

푸른 하늘과 맑은 공기, 가벼운 여행길이 휘파람이라도 불고 싶을 만큼 경쾌한 날에 장밋빛 스카프는 다시 봐도 탁월한 선택이었다. 까닭 없이 기분이 좋았다. 자동차의 시동 걸리는 소리까지 웃음소리가 되어 부챗살처럼 환하게 퍼져 나간다.

집에서부터 시작해 구리를 지나 동서울 톨게이트를 빠져 나가서도 길이 시원스레 뚫려 있어 여유롭다. 평일이어서 그런가 보다. 차창 밖으로 길과 함께 달리는 크고 작은 산마다 잎눈을 틔우려는 잡목 숲에서 연푸른 기운을 내뿜는다. 서서히 속도를 올리며 모처럼의 나들이 길을 즐긴다. 무심결에 사이드미러를 보니 뒤에서 헤드라이트를 켠 채 달려오는 자동차가 보인다. 이 화창한 대낮에.

풍경은 여전히 봄기운을 품은 산과 들이 앞서거니 뒤서거니 다가왔다가 멀어져 갔다. 꽤 오랫동안 달렸다 싶은데, 뒤에 오는 차가 여전히 불빛을 번쩍이며 따라오고 있다. 길을 내달라는 신호인가 싶어 2차선으로 비켜주었다. 그런데 추월할 생각이 없는지 그 차도 나처럼 2차선으로 빠져나와 내 뒤를 따라온다.

저 차는 왜 불빛을 번쩍이며 쫓아오는 것일까. 혹시 나를 아는 사람일지도 모른다는 생각이 들어 한 차선을 더 내려 3차선으로 옮기고 나니 그 차도 어느새 3차선에 들어와 있다. 정말로 나를 아는 사람이기라도 한 것일까. 나는 그쪽에서 무슨 신호라도 주기를 바라면서 속도를 늦췄다. 그러나 뒤에 있는 차는 앞서지도 않았고, 그렇다고 별다른 신호를 보내는 일도 없다. 그저 시침 뚝 뗀 듯 내 차만 따라온다. 상위 차선이 비어 있는데도 도무지 앞설 생각을 하지 않는 것이다.

'왜 계속 나만 따라오는 거지?'

한번 신경을 쓰기 시작하자 뒤따라오는 차량의 번쩍이는 불빛만이 자꾸 눈에 들어온다. 어서 내 갈 길이나 가야겠다는 생각으로 다시 2차선으로 들어간다. 앞만 보고 열심히 달린다. 그러다 슬쩍 백미러를 쳐다보니 그 차도 어느새 2차선으로 들어와 바짝 따라오고 있다.

뒤차가 1차선으로 가서 내 차를 추월하기 바랐지만 그런 내 마음을 아는지 모르는지 꿈쩍도 하지 않고 따라온다. 앞에 가는 대형 트럭은 느릿느릿 여유를 부리고 1차선은 텅 비어 있다. 나는 다시 왼쪽 깜빡이를 켜며 1차선 안으로 들어섰다. 얼핏 거울을 보니 불 두 개를 화등잔만 하게 치켜들고 여전히 시커먼 차가 내 차 뒤를 따르고 있다. 내가 간격을 좀 두고자 속도를 내니 깜짝 놀란 듯 뒤차도 속도를 냈다. 차츰 마음이 불편해지기 시작했다.

어쩐다? 휴게소를 들러볼까? 거기까지 따라오면 차를 확 꺾어서 그 차 앞을 가로막아 버려야지. 그리고는 차를 세우고 운전자의 멱살을 잡고 차에서 끌어내리는 거야.

"야! 도대체 너는 누구냐! @#$%&*^"

속이 후련하도록 생각은 거침없이 진행되고 있었지만 현실은 그 반대로 될까봐 휴게소를 그냥 지나쳐버리고 말았다. 이제 슬슬 오금이 저려오기 시작한다. 그래, 이건 고문이야. 제발 내 앞을 지나가 버리라고 빌면서 차를 다시 2차선으로 옮긴다. 또 따라온다. 나는 비스듬히 차선을 바꾸느라 조금 늦는데, 그는 어찌나 재빠르게 움직이는지 내가 완전히 차선을 바꾸기 전에 나보다 먼저 들어오고 나보다 먼저 나간다. 역시나 뒤차가 먼저 2차선에 들어와 있다.

나는 될 수 있는 대로 속도를 늦추면서 천천히 달린다. 그 차도 천천히 따라온다. 얼핏 보니 갓 뽑아낸 듯 반짝이는 새 차였다. 새 차 가지고 내 차를 덮쳐 망가뜨리지는 않으리라는 생각에 조금 마음이 놓인다. 1차선은 여전히 비워둔 채 우리는 마치 마음이 잘 맞는 한편이라도 된 것처럼 앞뒤로 천천히 달린다.

어디까지 따라올 것인가. 목적지에 다 가도록 쫓아온다면 시내에 있는 경찰서로 들어가야겠다는 생각이 들었다. 그러면 제가 어쩌겠는가. 신통하게도 위급한 순간에 적절한 생각을 해낸 자신이 대견했다. 마음이 조금 편해졌다. 마음 때문일까? 어느 순간 차가 보이질 않았다. 나를 추월해 지나갔나 보다. 나는 더욱 천천히 차를 몰았다. 조금이라도 그 차와 간격을 두고 싶어서였다.

갑자기 내 뒤에서 까만 새 차 한 대가 불을 켠 채 득달같이 달려온다. 가슴이 철렁했다. 차는 1차선으로 들어서더니 휭허케 나를 지나쳐 버린다. 차 모양이 먼저와는 달랐다.

자라 보고 놀란 가슴 솥뚜껑 보고 놀란다더니 검은 차가 불을 켜고 달려오는 통에 지레 겁을 먹었던 나는 슬그머니 웃음이 났다. 그런데 그 웃음이 사라지기도 전에 이번에는 정말로 그 차가 다시 나타났다. 여전히 불빛을 번쩍이며 뒤에서 달려오고 있는 것이었다. 틀림없이 앞서의 그 차였다. 휴게소라도 들렀던 것일까.

그렇게 얼마 동안 내 뒤를 따라오던 차가 슬그머니 1차선으로 들어가더니 내 차를 살짝 추월한다. 내가 나가야 할 나들목을 바로 앞두고서였다. 나는 깊은 한숨을 내쉬며 차를 오른쪽으로 돌려서 고속도로를 빠져나왔다.

우연이었을까. 아니면 너무나도 화창한 날씨 탓이었을까. 아무래도 장밋빛 스카프 때문인 것만 같다. 아니, 아니다. 일체유심조(一切唯心造)라고 장밋빛 스카프를 했던 내 마음이 그 씨앗이 되었을 것이다.

퀸즈타운 가는 길

해가 점차 기울기 시작할 무렵 버스가 데카포 호숫가에 우리를 데려다 놓는다. 뉴질랜드 남섬의 첫 도착지인 크라이스트처치에서 퀸즈타운을 향해 서너 시간을 달려온 참이다. 목적지까지는 아직도 갈 길이 멀다고 한다. 오는 내내 길 양쪽으로 끝없이 이어지는 목장의 녹색 질주가 우리와 함께 했다. 넓고 푸른 풀밭에 점점이 흩어져 있는 양 떼가 한가롭게 청정 자연을 누리고 있었다.

호수가 품 넓은 수면을 찰랑이며 반짝인다. 저물녘 이국에서 만나는 봄 호수의 윤슬이 여행자의 마음을 편안하게 한다. 물빛이 아기를 바라보는 젊은 어머니의 온화한 눈빛처럼 부드럽다. 그러잖아도 이 호수의 물은 옥빛과 밀크를 섞은 밀키블루(Milky Blue)라 불린다고 했다. 호수를 배경으로 찍는 사진기 속에는 서던알프스 산맥(Southern Alps Mt.)의 산봉우리들이 만년설을 이고 따라다닌다. 70km도 넘는 먼 거리라는데 워낙 공기가 깨끗해서 저토록 잘 보이는 것이란다. 공중에 돋보기를 들이대고 들여다보아도 먼지 하나 찾을 수 없을 것처럼 맑다.

어느새 주변이 어스름해지기 시작한다. 버스에 오르자 창밖으로 하나씩 불빛이 보인다. 호숫가 마을의 거리등이거나 온 가족이 둘러앉은 머리 위로 다사롭게 내리는, 혹은 어느 지붕 밑 작은 다락방의 아늑한 불빛이리라. 땅거미 내리는 마을에 불그레한 불빛이 마치 물에 번지듯 조심스레 퍼지다가 명멸한다. 착한 주인공이 사는 동화 속 풍경처럼 아름답다.

도중에 저녁밥을 먹기 위해 들렀던 한국인 식당에서는 무엇보다도 총각김치가 인기였다. 일행은 필리핀과 호주를 거쳐 오는 동안 사나흘 굶주렸던 김치를 보자 순식간에 먹어치웠다. 익을 대로 푹 익어서 한쪽 눈이 저절로 찡긋거릴 정도로 시큼한데도 사람들은 그릇 바닥에 남아 있는 국물까지 싹싹 긁었다. 저러다 접시까지 집어삼킬라 걱정되었는지, 종당에는 주인이 '우리 가족이 먹으려고 담근 것'이라 많지 않다며 아예 남은 김치를 통째로 내놓았다. 저, 못 말리는 한국인의 인심이라니!

식사를 먼저 끝낸 우리 일행 쪽으로 다가온 주인 부부는 삼십 대 후반으로 보였다. 젊은 나이에 먼 이국까지 와서 이만큼 자리 잡은 게 장하다는 생각이 들었다. 이런저런 이야기 끝에 누군가 한국에서는 어디서 살았느냐고 물었다. 서울 면목동에서 살았다며 몇 마디 대답도 못하고 부인이 왈칵 눈물을 쏟았다.

"어머! 내가 왜 이러지?"

갑작스런 일에 당황해서 어찌할 바를 모르고 애써 눈물을 감추려는 젊은 여인을 보며, 마치 먼 타국 땅에 홀로 떼어놓고 가야 하는 피붙이라도 되는 듯 가슴이 짠해왔다. 안아 주며 등이라도 토닥이고 싶었지만 오히려 감정을 더 부추기게 될까 봐, 그저 손만 한 번 꼭 잡아줄 뿐 선불리 말을 건넬 수가 없었다.

버스는 다시 한밤중의 낯선 어둠을 헤집고 달린다. 탤런트 안아무개를 닮은 여행 가이드가 푸시킨의 시 〈삶이 그대를 속일지라도〉를 한바탕 낭송하더니, 눈이라도 붙이라면서 불을 끄고 음악을 틀어주었다. 그리고 아무도 더 말을 하지 않았다. 자리가 넉넉해 의자 하나를 독차지하고 등을 기댔다. 약간의 피로와 적당한 포만감으로 나른해진 나는 눈을 감는다. 감은 눈 속으로 좀 전에 보았던 젊은 여인의 눈물이 울음 끝에 나오는 딸꾹질처럼 따라왔다.

잠이 살짝 들었나 했는데 귀에 익은 음악이 들린다. 지나간

7,80년대에 즐겨 듣던 올드 팝이다. 일행 대부분이 공유했던 우리들의 황금기, 나는 이내 그 청년기의 풋풋하고 열정적이었던 세계 속으로 되돌아갔다. 비틀즈, 사이먼 앤 가펑클, 니콜라디바디, 멜라니 사프카…. 저들의 깊은 음색과 아름다운 하모니, 모시 헝겊을 쥐어짜는 듯 애절한 노래가 이방인의 마음을 버무려 놓는다. 마치 달콤하고 쌉쌀했던 젊은 날의 어느 한순간이 날아와 꽂힌 듯 가슴 한편이 저릿하다.

노래가 돈 맥린의 〈빈센트〉로 이어진다.

Starry, starry night

Paint your palette blue and gray……

화가 빈센트 반 고흐의 그림에서 영감을 얻어 만들어진 노래라고 하는 이 곡은 내 휴대 전화의 벨소리이기도 하다. 문득 창밖을 내다보고 나는 벌어진 입을 다물 수가 없었다. 별! 하늘이 온통 별밭이다. 세상의 어떤 것이 저토록 휘황찬란할 수 있을까. 한꺼번에 수천, 수만의 폭죽을 터트려 하늘로 쏘아올린 불꽃들이 그대로 공중에 머물러 있는 것처럼 황홀하다. 나도 모르게 온몸이 두둥실 떠올라 별의 세계로 날아가는 환상에 빠졌다.

얼마가 지났을까. 음악 소리가 잦아들며 정적이 이어진다. 이윽고 차 안에 불이 켜지고 나는 현실로 돌아와 아쉬운 마음으로 창밖을 내다본다. 호반의 도시답게 어둠 속에서 군데군데 젖은 불빛이 은은하게 보인다. 별빛과 불빛의 차이일까. 마치 우리를 기다리기라도 하는 것 같은 온기가 느껴져 마음이 따뜻해진다. 목적지에 도착한 모양이다. 가방을 챙기고 차에서 내릴 준비를 한다.

'여왕이 살만한 곳'이라는 이름에 걸맞게 아름다운 풍광을 자랑한다는 퀸즈타운에서 오늘 하루쯤은 나도 여왕이 되어야겠다. 아니다. 오는 길 내내 음악의 나라, 별의 나라에서 나는 이미 여왕 못지않은 호사(豪奢)를 누렸다.

풍란 꽃송이 서넛

—J에게

초록이 짙어 숲이 한층 풍성해졌습니다. 바야흐로 성하(盛夏)의 계절입니다. 숲이 풍성하니 물은 더 깊고 투명하게 빛나겠지요.

전날에 정선에서 만난 화암 계곡의 물이 생각납니다.

이른 아침에 고요한 골짜기를 깨우던 비취 빛깔이, 물의 나라라고 하는 스위스의 어떤 물에도 뒤지지 않을 만큼 맑고 시원한 물이었습니다. 그 맑은 물에 손을 담그고 가만히 들여다보고 있으면 마치 물의 정기가 온몸으로 스며드는 것 같아 팽팽한 긴장을 불러옵니다.

깨끗하게 흐르는 물을 보면서 저는 언제나 강한 힘을 느낍니다. 물은 모든 살아 있는 것들의 근원이라서 일까요. 화암 계곡의 그 물도 생생하게 살아서, 희고 둥근 바위를 휘돌아 작은 자갈돌을 어루만지며 흐르고 있었습니다. 거기 시간도 따라 흘렀겠지요. 엊그제 일 같은데 벌써 삼 년이나 되었으니까요.

그때 올라갔던 산의 정상 두위봉에서 내려다 본 철쭉꽃은 정말이지 숨이 멎을 만큼 장관이었어요. 사방을 둘러봐도 첩첩한 산인데 어디가 산봉우리이고 어디가 능선인지, 하늘인지, 구름인지 분간이 가지 않을 정도로 만발하여 보이는 산마다 온통 철쭉의 연분홍으로 가득했습니다. 그저 "아!" 하는 감탄사 외에 섣부른 감정 표현은 오히려 군더더기에 불과했어요.

그러나 그날의 산행은 결코 만만치가 않았습니다. 산행이 시작되고 얼마 되지 않았을 무렵부터 숨이 차오르고 다리가 무겁기 시작했으니까요. 숙련되지 않은 체력의 한계에도 불구하고 끝까지 오를 수 있었던 것은 아마도 가는 길 곳곳에 피어있던 야생화라든지, 보이지 않는 곳에서 들리던 물소리와 새소리 덕분 아니었을까요.

무엇보다도 같이 갔던 일행에게 폐가 되지 않으려는 안간힘과 곁에서 연신 기운을 돋워 주던 당신의 보살핌이 가장 큰 힘이 되었습니다.

바위 틈새를 비집고 경사가 심한 등성이를 오를 때는 정말 힘들었습니다. 그래도 숲속에 숨어서 노랗게 군락을 지어 피어 있던 들꽃들을 만난 것은 행운이었습니다. 초록의 풀숲에서 노란 꽃잎을 달고 바람결에 흔들리던 야생화가 얼마나 아름다웠던지 그곳에 그대로 눌러앉아서 마냥 바라보기만 해도 좋겠다는 생각을 했으니까요.

그날 처음으로 참나물과 곰취라는 산나물을 직접 뜯어보았습니다. 그것들은 물기가 많으면서도 배수가 잘되는 고산지나 한랭지 숲에서 자생한다니, 자연산을 만나기란 쉽지가 않다고 합니다.

놀라운 것은 참나물이 있는 곳 언저리에는 그와 비슷한 풀이 함께 있어서 얼핏 보아서는 구분이 잘되질 않더라는 겁니다. 식물도 제 스스로를 보호한다는 것이 참으로 신기하게 느껴졌습니다. 그렇게 제 종족을 보존하고 번식시켜 가는 것이겠지요.

하산 길은 참 종잡을 수가 없었습니다. 제대로 난 길을 따라 내려오는 것이 아니라 나물을 찾아서, 또 지름길을 향하여 없는 길을 만들어 가며 정신없이 앞사람만 따라가기 바빴으니까요. 그래도 올라갈 때와는 비교가 되지 않을 정도로 수월했던 것 같습니다. 올라가면서 이미 한 차례 호되게 훈련이 된 까닭일까요. 산을 오르는 것도 일종의 기능이라서 꾸준히 반복하고 훈련을 하다 보면 능숙해진다고 하더군요. 사람이 살아가는 길도 다시 가 볼 수가 있어서 훈련과 연습이 가능하다면 얼마나 좋을까요. 그렇게 되면 지나간 잘못도 바로잡을 수 있고, 그만큼 시행착오도 적어질 테니까요.

어쩌면 우리가 산다는 것은 산을 오르는 일과 같은 것인지도 모르겠습니다.

산 위에 철쭉꽃이 피었는지 무엇이 있는지 그곳에 오르기 전에는 잘 알 수 없는 것과 마찬가지로 우리의 삶을 한눈에 관통해 볼 수는 없는 것이지요. 그러나 보이지 않는다고 해서 실체가 없는 것은 아니겠지요. 한 발 한 발 산을 오르는 것처럼 매시간 시간을 쌓아 가는 것이 우리가 살아가는 일상적인 모습일지도 모르겠습니다.

물론 삶과 단순한 일상은 다르겠지요. 일상이 하루하루를 반복하는 일이라면 삶이란 그런 일상 속에 자신의 정신과 가치가 들어가 있는 것이 아닐까요. 그래서 작은 일에도 있는 힘을 다하여 사는 사람을 보면 그대로 닮고 싶도록 참 아름답다는 생각을 하게 됩니다. 돌아보면 사실 큰일보다는 작은 일들이 훨씬 더 많이 우리의 생을 빛나게 해줍니다.

아이들의 해맑은 웃음소리, 때마침 걸려오는 반가운 이와의 전화 한 통화, 새로 장만한 예쁜 찻잔이나 갓 피어난 풍란의 하얀 꽃송이 서넛…. 손으로 꼽아 보면 이루 말할 수 없이 많은 작은 일들이 우리들 가슴을 뛰게 하고 환하게 해줍니다. 그것은 마치 산행에서 만나는 청정한 물소리거나 바람이거나 호젓한 오솔길이고 완만한 능선 같은 게 아닐는지요.

너희는 달걀도 껍데기째 먹니?

모처럼 여행길에 올랐다. 여행사의 '한 묶음 여행(package tour)' 상품을 혼자 따라나서다 보니, 여행 내내 인솔자와 같은 방을 쓰게 되었다. 낯설기는 마찬가지겠지만, 생판 모르는 여행객 중의 한 사람보다는 오히려 낫겠다 싶어 차라리 잘 되었다는 생각이 들었다. 자기와 같은 방을 쓰면 여러 가지로 불편함이 있을 거라는 언질이 미리 있었다. 여행객들이 수시로 요구 사항이 많아서 밤에도 몇 번씩이나 들락거리는 일이 있다는 것이다. 그러나 크게 걱정할 일은 아닌 듯하다. 오롯한 여행을 위해서라면 그 정도야 기꺼이 감수하고도 남을 일이다.

이번 여행기간 동안 우리를 안내할 인솔자는 부드러운 갈색 머리와 세련된 매무새가 한눈에 들어오는 훤칠한 여성이다. 인천공항에서의 첫 만남에서부터 빠릿빠릿하게 일처리하는 모양이 무척 올차게 보인다. 여행의 성공은 절반이 사람에게 달려 있다고 해도 지나치지 않을 거라는 생각이다. 출발에서부터 돌아오기까지 함께 뭉쳐 다녀야하는 일행과 인솔자, 그리고 현지 가이드에 이르기까지 구성원 전체가 잘 어우러져야 그 여행의 즐거움과 감동이 배가된다. T/C(Tour Conductor)라고도 하는 이 인솔자에게서 나긋함보다는 단호함이 엿보이는 성격과, 나이까지도 우리 딸과 비슷해 보여 더 친근함이 느껴진다.

일행은 네 자매가 함께 온 팀을 시작으로 부부끼리, 혹은 친구나 문화센터의 동아리 회원들까지 각양각색의 29명이 모여 대부대가 되었다. 밤늦게 도착한 리스본에서 하루를 묵은 다음날, 우리는 말을 잘 듣는 유치원생들처럼 현지에서 만난 가이드를 따라서 포르투갈의 서남단, 카보다 로카(Caboda Roca)라는 유라시아 대륙의 맨 끝에서부터 본격적인 관광길에 들어섰다.

풍경은 제주도의 섭지코지를 떠올리게 했지만, 같은 땅 끝이라 해도 어느 봄날 해남의 땅끝 마을에서 보았던 잔잔하고 아기자기한 바다와는 사뭇 달랐다. 거친 바람에 머리칼이 흩날리고, 회색과 남보랏빛 물감을 마구 문질러 놓은 유채화처럼 끝없이 펼쳐진

대서양은, 거대한 두루마리구름 띠와 맞닿아 있어서 어디까지가 하늘이고 어디부터 물인지 경계가 없다.

사흘쯤 지나자 처음 만났을 때의 서먹함이 가시고 서로 간에 조금씩 친숙해지면서 밥을 먹거나 관광할 때도 분위기가 훨씬 부드러워졌다. 모로코의 한 호텔 식당에서 저녁을 먹을 때, 일행 중의 한 팀에서 생수병에 소주를 부어서 들고 갔다. 생수인 척하며 슬쩍슬쩍 마셨을 테지만 그들이라고 눈치를 못 챘을 리가 없다. 낌새를 챈 종업원 두세 명이 주시하기 시작했고, 몇 번 말려보다가 안 되자 손님들 사이에서 안절부절못하던 인솔자의 얼굴이 붉다 못해 금방이라도 울음이 터질 것처럼 보였다.

식사가 끝난 뒤, 다른 날보다 좀 늦게 방에 들어온 그녀는 몹시 속상해 했다. 테이블마다 물이 공급되는데 왜 일부러 생수병을 가지고 와서 마시겠느냐며, 손님이 술을 지니고 온 것에 대하여 종업원들이 호되게 항의를 했던 모양이다. 인천공항에서 출발하기 전 나누어준 인쇄물에도 식당에 술을 가져가지 말라고 밑줄까지 그어가며 꼭 짚어 쓰여 있고, 사전에 몇 차례 당부도 있었는데 깜빡 잊기라도 했던 것일까? 아마 우리나라에서도 술을 가지고 오는 손님까지 식당 주인이 좋아하지는 않을 것 같다. 더구나 이슬람 국가인 모로코는 공공장소에서의 음주가 금기사항이라는데.

한참 동안 혼자서 불편한 마음을 삭이던 그녀가 입을 열었다. 수많은 여행객들과 여러 나라를 다니다 보니 별의별 일이 다 있다는 것이다. 존경할 만한 사람도 있지만 개중에는 근거 없는 우월감으로 현지인들 대하는 태도가 오만하기 짝이 없는 경우도 많다고 하였다. 손님들이 너무 시끄럽게 굴어서 오밤중에 호텔에서 짐 가방을 들고 줄줄이 쫓겨나기도 해봤고, 심한 경우엔 우리나라 손님은 아예 받지 않겠다는 곳도 있었다니 기가 막힐 일이다.

자기 딴에는 사회 지도층이라는 사람이 과일을 깎아 먹겠다고 식당의 나이프를 슬쩍 가져간다든지, 방에 있는 소소한 물건까지 집어가서 정말 창피하다고 한다. 한번은 방에 비치된 소형 LED TV까지 짐 가방에 꾸려 넣는 일이 벌어졌다는 말이 나는 도저히 믿기질 않았다. 설마 하는 나에게 정말 있었던 일이라며, 그 방에 묵었던 사람은 끝까지 시인하지 않다가 경찰이 출동하기 직전에야 실토를 하더란다. 그리고는 장본인은 쏙 빠진 채 자기가 대신 호텔 측에 손이 발이 되도록 빌었다는 그녀. 이야기를 풀어놓다 보니 그때의 심정이 되살아나는지 울컥해서 목소리가 점점 격해졌다.

"제일 굴욕적인 게 뭔지 아세요? 그들이 그래요. 너희 나라 잘 산다면서?"

그러면서 빈정거리는 투로 묻는단다.

"너희는 달걀도 껍데기째 먹니?"

뷔페로 나오는 아침식사 때 사람들이 삶은 달걀을 몽땅 집어가는 걸 두고 비아냥대는 말이란다. 인원이 30명이면 보통 삶은 달걀이 50개쯤 나오는데, 사람들이 가고 나면 달걀 껍데기는 얼마 없는데도 바구니가 텅 비어 있다는 것이다.

이튿날 이동하는 버스 안에서 가이드를 대신해 그녀가 잠시 마이크를 잡았다. 현지 상황을 간단하게 설명하고 예전에 일어났던 예를 몇 가지 들어주며 농담처럼 한마디 던졌다.

"보세요. 저 예쁘지요? 저는 우리 부모님의 딸이고, 여러분의 딸이고, 한국의 딸이에요. 이렇게 예쁜 딸이 남의 나라에 와서 무릎을 꿇고, 손이 발이 되도록 싹싹 빌면 여러분 마음이 좋으시겠어요?"

묵주

얼마 전, 성지 순례를 다녀온 선배 문인 한 분이 묵주를 건네주었다. 평소에 그다지 멀지도, 그렇다고 사이가 각별했던 터도 아니었기에 좀 의외였다. 그러나 멀리 보스니아의 메주고리예까지 가서, 누군가를 위하여 묵주를 고르고 준비하는 동안 정성스런 마음으로 가득했을 거라는 생각을 하니 더없이 고맙고 기꺼웠다.

묵주, 또는 로사리오(rosary, rosarium)는 '장미화관' '장미 꽃다발'이라는 뜻으로 묵주기도를 드릴 때 쓰이는 보편적이고 전통적인 가톨릭의 성물이다. 처음 세례를 받을 때는 물론 평소에도 가끔씩 성지에 다녀온 사람들에게서 묵주를 받았지만, 묵주 선물은 몇 번이고 받을 때마다 즐겁다. 기도를 시작하기 전부터 마치 신의 은총이 듬뿍 담겨 있기라도 한 것처럼 온 마음에 신선한 샘물 같은 기쁨이 번지는 것이다.

그분의 부탁이 아니더라도 새 묵주를 가지고 올리는 첫 기도는 늘 그것을 준 사람을 위해 바쳐왔다. 장미 문양을 새긴 구슬을 한 알씩 넘겨가며 로사리오 5단을 바치면서 내 머릿속은 온갖 생각으로 분주해졌다.

'내가 가톨릭 신자라는 것을 어떻게 아셨으며, 그렇다고는 해도 그 귀한 선물이 어떻게 나에게까지 차례가 왔을까.'

선배와는 평소에 자주 만나지 못해서 그런지 왠지 어렵고, 더러는 거리감이 느껴질 때도 있었다. 그런데 뜻밖에도 생각지 않은 선물을 받고 보니, 진작 내가 먼저 가까이 다가갈 수도 있었을 텐데 하는 자책감이 들었다. 아직도 사람들 앞에서 쭈뼛거리고 낯가림이 심한 자신이 부끄럽기도 했다. 이런저런 생각으로 집중이 제대로 되질 않다가, 어느 순간 나도 모르게 오로지 그 선배만을 위한 기도를 하고 있었다. 오래오래 건강하시고, 즐거운 일이 더 많이 생기기를 진심으로 빌었다.

나와 가족을 떠나 온전히 다른 사람만을 위하여 드리는 기도가 몇 번이나 있었을까. 성당에서는 늘 다른 사람을 위한 기도를 먼저 하도록 권고하지만 그게 쉽게 되는 일이 아니다. 머리와 가슴과의 거리가 가장 먼 거리라더니, 머리로는 생각하지만 부지불식간에 자신과 가정을 위하여, 내 둘레의 사람들만을 생각하며 열심히 기도하고 있는 자신을 발견하게 된다.

영세를 하고 얼마 지나지 않았을 때에 우이동에 있는 〈명상의 집〉으로 피정을 간 적이 있었다. 나의 첫 피정이었다. 피정이란 피세정념(避世靜念)의 줄인 말이다. 일상적인 생활에서 벗어나 묵상과 자기성찰 등을 통해 마음을 가다듬는 것으로, 자기 자신에 대해 돌아보는 시간을 가질 수 있어서 좋다. 기회만 된다면 언제라도, 몇 번이라도 다시 가고 싶다. 그때의 첫 피정에서 진행되었던 여러 가지 프로그램 중에서 지금까지도 내 안에 각인된 한 가지가 있다. 거의 마지막 순서가 가까웠을 무렵이었다.

수사신부님이 작은 종이 한 장씩을 나누어 주시며, "이 백지에, 지금 자기에게 가장 절실한 것을 한 가지만 적으세요."라는 말씀을 하셨다. 한 가지만 적으라니, 나는 짧은 문장으로 간단하게 끝내고 고개를 들었다. 그러나 시간이 꽤 지나도록 다른 사람들은 계속해서 무언가를 열심히 쓰고 있다.

'어라? 많이 적어도 되는 모양이네. 나도 더 써 넣을 걸 그랬나?'

그 잠깐의 시간에 나는 한 손에 사탕을 쥐고 있으면서 하나라도 더 받으려고 줄기차게 손을 내미는 어린아이처럼 굴었다. 너무 간단하게 적은 내가 왠지 남들에 비해 손해라도 보는 것 같아서 이미 써 놓은 글 아랫줄에 얼른 한 가지를 덧붙여 버린 것이다.

신부님은 각자의 바람이 담긴 종이를 바구니에 한데 모아서 골고루 섞은 뒤에 다시 모두에게 한 장씩 나누어 주셨다.

"이제까지는 자기 자신을 위해서 기도를 많이 하셨겠지만, 오늘은 다른 사람을 위해서 해보십시오. 지금 손에 가지고 있는 쪽지의 주인공을 위해서, 그 사람의 간절한 바람을 위해서 정성을 다해 기도해 줍시다."

내게 전해진 쪽지를 펴보니 힘들어 하는 지아비를 위한 한 여인의 극진함이 담겨 있었다. 그 절실함에 저절로 마음이 숙연해져서, 나는 처음으로 다른 사람을 위해서 온 마음을 다해 기도를 하였다. '부디, 부족한 기도나마 그들에게 힘이 될 수 있기를!'

그러다 문득 이 안에 누군가 나를 위해서도 간절히 빌어주는 사람이 있다는 생각이 들자 갑자기 가슴이 저릿저릿해져 왔다. 내가 다른 사람을 위해 정성을 다해서 기도하는 만큼, 누군가도 나를 위해서 진심으로 기도하고 있다는 사실이 말할 수 없는 든든함으로 다가왔던 것이다.

어쩌면 지금까지 나는, 다른 많은 이들이 빌어주는 사랑의 힘으로 살아왔는지 모른다. 가까이는 부모형제의 지극 정성이거나, 친구나 이웃, 내가 모르는 사람들까지도 기도 중에 잠깐잠깐 나를 생각해 주지 않았을까. 나도 그 사람들을 위해서 하나씩 하나씩 갚아가는 마음으로, 머리가 아닌 가슴으로 나누는 기도를 할 수 있어야 하리라.

열차 안 풍경

일요일 오후 7시에 서울역을 출발하는 부산행 KTX 열차 안, 출발 시간이 가까워지자 하나둘 승차하는 사람이 늘어간다. 좌석을 찾아 이쪽저쪽으로 지나다니는 사람과 반대편에서 들어오는 사람, 그 사이에서 선반에 짐을 올리는 사람까지 비좁은 통로는 명절 대목 장터처럼 복닥거린다.

결혼식장이라도 다녀가는 걸까. 한 무리의 여인들이 곱게 차려입고, 머리가 하얀 노부인 한 분을 둘러싸고 있다. 얼핏 보아도 네댓 명은 되어 보인다. 그 틈을 비비적대며 간신히 비껴서 내 자리를 찾아가 좌석을 확인하고는 창가 쪽으로 앉았다.

열차 출발을 예고하며 배웅 나온 손님들은 내리라는 안내 방송이 나오자, 이때까지 모여 있던 그녀들이 서둘러 출입문 쪽으로 나가며 저마다 큰 소리로 외친다.

"엄마, 잘 가!"

"엄마, 사랑해!"

그러자 의자에 앉아 계시던 자그마한 체구의 안노인이 벌떡 일어나더니, 두 팔을 들어서 마주 흔들며 딸들을 향해 외친다.

"온야. 내도 사랑한데이!"

그들을 바라보다가 나도 모르게 혼잣말로 따라한다. '엄마, 사랑해요.' 설령 입 밖으로 소리 내어 외친대도 이제는 들어줄 리 만무건만, 나는 한 번 더 작은 소리로 '엄마, 사랑해요.'를 되뇌어 본다. 당신 살아계실 때, 살갑지 못한 딸 때문에 많이도 서운하셨을 내 어머니. 그때는 사랑한다는 말을 하는 것이 어찌 그리도 서툴고 쑥스러웠을까.

열차가 출발하고 난 뒤에도 내 옆자리는 비어 있다. 영등포 지날 때쯤 좌석의 주인이 찾아왔다. 이십 대 후반으로 보이는 젊고 예쁘장한 여자다. 예쁘긴 하지만 새초롬하니 왠지 깍쟁이 같은 얼굴로 잠시 서 있다가 말을 건넨다.

"여기가 12호차 9C 맞죠?"

"맞아요."

내가 고개를 끄덕이며 대답을 했는데도 그녀는 얼른 앉지를 않더니, 크게 인심이라도 쓴다는 듯이 말했다.

"창가 쪽…. 그냥 앉아 가세요."

나는 깜짝 놀라 승차권의 좌석번호를 다시 확인하고, 차창 위쪽에 표시된 번호와 맞춰 본다. 틀림없이 9D석인 내 자리가 창 쪽이었다. 잠시 당황했던 내가 씩 웃으며 한마디 했다.

"아잉, 언니 왜 그러셩! 그렇지만 고맙네요."

그제야 자기가 착각했다는 것을 깨달았는지 살짝 달아오른 얼굴로 따라 웃는다.

사실 그쯤이야 실수랄 것도 없겠다. 언젠가 나는 남의 자리에 떡하니 앉아 있다가, 뒤늦게 찾아온 좌석 주인에게 오히려 내 자리가 맞는다며 당당하게 승차권을 내민 적이 있다. 그러나 열차 번호, 출발 시간, 좌석번호는 같았지만, 그건 한 달도 더 지난 차표였다. 달마다 몇 차례씩 서울을 오르내리다 보니, 핸드백 안에 남아 있던 지나간 표를 날짜는 안 보고, 시간과 좌석번호만 확인했기 때문에 벌어진 일이다. 그 뒤로는 사용한 승차권은 바로바로 버리는 버릇이 생겼다.

아까부터 큰 소리로 떠드는 남자 승객 하나는 천안아산역에 가까워지도록 여전히 시끄럽다. 뭐라는지 제대로 알아들을 수조차 없도록 혀가 꼬인 소리다. 술이 취해도 단단히 취한 모양이다. 도시락 판매원이 지나가자 두 개를 사서, 하나를 들고는 비척대며

두어 자리 앞에 앉아 있는 한 청년에게 가지고 간다.

몸은 물론 정신도 가눌 수 없을 만큼 취한 사람을, 그 젊은이가 대합실에서부터 부축해서 열차를 타게 한 모양이다. 취중에도 그게 고마웠던지, 이 친구가 극구 사양하는 데도 불구하고, 자꾸 먹으라며 떼를 쓰다시피 권한다. 술 취한 사람 옆에는 가까이 다가서는 것조차 꺼릴 법도 한데, 쉽지 않은 일을 한 그 청년이 대견해서 나는 고개까지 내밀고 바라보았다.

취객은 자기 자리에 돌아와서도 계속 혼잣말을 해댄다. 말로 푸는 주사(酒邪)가 있다더니 이 사람이 그런 듯하다. 열차 승무원이 다가와 허리를 숙이고 나지막한 소리로 부탁을 한다. 그러자 그는 더 큰 목소리로 승무원이 한 말을 그대로 반복했다.

"뭐라고? 다른 손님들한테 시끄러우니까 조용히 하라고?"

"쉬잇! 조용히, 조용히 하시라고요."

"뭐라고? 조용히, 조용히 쉬하라고?"

승무원이 속삭이듯 작은 소리로 말을 하면, 그 사람은 그 말을 고대로 되풀이하고, 거기다 몇 마디 이자까지 덧붙여 버럭버럭 소리를 질렀다. 실랑이를 하다가 도무지 어찌할 바를 모르겠는지, 아니면 차라리 그냥 내버려 두는 편이 낫겠다고 생각했는지 승무원이 자리를 떴다.

그는 얼마를 그렇게 흐느적거리며 구시렁대더니, 차츰 기어드는 소리로 웅얼웅얼하다가 이윽고 조용해졌다. 그러는 동안에 어느 누구도 나서서 불평하는 사람이 없다. 아마도 술에 대해서는 모두 관대한 모양이다.

열차를 타고 가는 사람만큼이나 다양한 이야기를 싣고 KTX 고속열차는 긴 터널을 빠져나왔다. 차창 밖으로 모내기를 끝낸 들판이 산과 함께 휙휙 달려온다. 들판이 온통 연한 초록빛이다. 부드러운 연초록의 풍경에 빠져 창유리에 기댄 얼굴을 엷은 저녁 햇살이 날아와 어루만진다. 사람도 풍경도 슬그머니 노을빛에 취한다.

논우렁
산우렁

산으로 보내자.

집에서 키우고 있는 논우렁이 열네 마리의 거취 문제를 만장일치로 결정했다. 정확히 말하면 산에 있는 계곡물에 보내자는 이야기다.

우리가 이 논우렁이를 키우게 된 것은 아주 우연한 일이었다. 몇 해 전 늦은 가을이었다. 친지 집을 방문했다가 논에 우렁이가 있다는 이야기를 들었다. 그간에는 농약 때문에 우렁이나 미꾸라지가 논에서 거의 자취를 감추고 없었는데, 근래에 농약을 덜 쓰는 바람에 다시 우렁이가 살고 있다는 것이다. 반가웠다. 우렁이를 넣고 끓인 된장찌개가 얼마나 맛있는데. 당장 잡으러 가자고 했다.

어렸을 때 더러 가을걷이가 끝난 논에서 잡던 우렁이는, 마른 논의 소 발자국이나 패인 곳의 흙 속에 묻혀 있어서 찾기가 쉽지는 않았다. 그러나 한 마리만 잡아 보면 그 자리를 구별하는 요령이 생긴다. 우렁이가 있는 곳은 손톱만큼의 넓이로 살짝 패어 있거나 그 부분의 흙이 조금 갈라져 있기 때문이다. 어쩌다 알이 굵은 것이 나오면 가슴이 뭉클하면서 손맛이 짜릿했다.

어느 해인가 초여름이었다. 모내기를 위해 물을 가득 담아 둔 논둑길을 걷고 있었다. 부슬부슬 비가 오고 있었는데 논의 물이 상당히 맑았다. 무심코 들여다본 논바닥에 커다란 우렁이가 있는 것이 보였다. 손을 뻗쳐서 한 마리를 잡고 보니 저만큼 앞에 또 한 마리가 보인다. 손이 닿지를 않아서 아예 신발을 벗어들고 논으로 들어섰다. 거짓말처럼 논바닥에는 우렁이가 널려 있다시피 했다. 그날 나는 두세 번은 찌개에 넣어 먹을 수 있을 정도로 꽤 많은 우렁이를 잡았다.

우렁이가 물 위에도 떠 있더라는 나의 말에 듣고 있던 어른들이 모두 웃었다.

"얘야, 그것은 우렁이 깍지란다. 우렁이는 제 안에다 알을 낳아서 키우는데 새끼 우렁이는 제 어미를 먹고 자라지. 어미는 제 몸을 모두 어린 우렁이에게 나누어 주고 죽어서 빈 깍지만 물 위로 떠오르는데, 새끼 우렁이들은 그것도 모르고 우리 엄마 뱃놀이한다고 좋아한다더라."

그 이야기는 어린 나에게 꽤 깊은 인상을 심어 주었다. 자라면서 내가 어머니 마음을 상하게 한다는 생각을 할 때마다 그때 들었던 우렁이 이야기가 떠올라서 심한 죄책감이 들었던 것이다. 나는 내 아이들에게는 그 이야기를 해주지 말아야겠다고 생각했다.

친지 집에서 우렁이를 잡겠다고 나서기는 했지만 날이 차고 시간도 없어서 제대로 잡을 수가 없었다. 경지 정리가 잘 되어서 시원스레 펼쳐진 들판을 볼 수 있던 것이 더 큰 수확이었다. 그래도 몇 마리 되지는 않지만 잡아온 우렁이를 비닐 주머니에 담아서 집까지 잘 가지고 왔다. 이미 밤이 늦었으므로 그날은 물에 담가서 발코니에 내놓았다.

아침이 되니 우렁이는 이미 어제의 우렁이가 아니었다. 찌개에 넣으리라 했던 마음이 가뭇없이 사라진 것이다. 특별히 우렁이가 불쌍하다거나 사랑스러움을 느껴서가 아니다. 그냥, 저걸 어쩌나 싶어 난감하기만 하던 것이다. 남편은 한 지붕 아래서 하룻밤을 지낸 죄라며 웃었다. 그렇다고 살아 있는 것을 아무 데나 버릴 수가 없었다. 그렇게 해서 우리 가족은 우렁이 열다섯 마리와 같이 살게 되었다.

겨울이 되어서 날이 꽤 추워졌다. 녀석들은 재롱을 떠는 것도 아니고 모양이 예쁜 것도 아닌데다가, 키우고 싶어서 마음먹고 구해 온 게 아니어서 그런지 낡은 등산용 코펠에 물과 함께 담겨진 채 발코니에 방치되어 있었다. 그러던 것을 딸아이가 길에서 파는 둥근 사기그릇을 하나 사다가 그 안에 우렁이를 담아서 거실로 들여놓았다. 그날 저녁 작은아이가 내일 아침은 엄마가 안 하셔도 될지 모른다고 말했다. 아마 동화 속의 우렁각시 이야기가 생각났나 보다.

그것들은 살아 있음으로써 미미하게나마 식구들의 관심을 끌었다. 아침에 일어나면 한 번씩 들여다보고, 외출했다가 돌아와서도 그것을 한참씩 들여다보는 게 습관처럼 되었던 것이다. 그리고 점점 들여다보는 시간과 횟수가 많아졌다. 사기그릇 속의 우렁이는 곧잘 목을 길게 늘이고 누군가를 기다리고 있는 것 같았다. 움직임이 하도 둔중해서 눈으로는 거의 감지하기가 힘들다. 가끔 넣어 주는 상추 잎이 한 꺼풀 얇게 갉아져 나간 것을 보며 먹기는 먹나보다고 짐작할 뿐이었다.

한번은 보관 중이던 무에 노랗게 새순이 움났기에 한 잎 뜯어서 넣어 주었더니 딸아이가 펄쩍 뛰었다. '걔들이 매워'서 그걸 어떻게 먹겠느냐는 것이었다. 나는 노란 새순이 연하고 맛이 있을 거라는 생각으로 주었는데, 아이는 제 경험에 비춰 무순의 맵싸한 맛을 떠올렸을 것이다. 아이는 아이의 눈으로, 또 어른은 어른의 잣대로 우렁이를 대했구나 싶었다. 그러나 그런 것 아랑곳없다는 투로 우렁이는 우렁이 방식으로 잘 생존해 가고 있었다.

봄이었다. 하루는 물 위에 무슨 먼지 덩어리 같은 게 떠 있어서 물을 절반쯤 버리다 보니 그게 바로 갓 태어난 새끼 우렁이었다. 작고 투명해서 깊이 생각하지 못하고 그만 하수구에 부어 버린 것이다. 가만히 살펴보니 우렁이 하나가 속이 텅 비어 있다. 네가 어미였구나. 왠지 힘이 쭉 빠지는 기분이었다.

이제 우렁이가 제대로 자리 잡고 살 곳으로 보내야겠다는 생각을 했지만 마땅한 곳이 없었다. 집 근처에는 논이 없는데다 가까이 있는 하천은 시커멓게 오염되어 있어서 우렁이가 그곳에서 살아낼까 염려스러웠다. 식구들은 제각각 여러 가지 의견이 있었지만 그래도 물이 깨끗한 수락산 계곡물에 넣어 주는 것이 좋겠다는 결론이 났다.

처음에 집으로 가지고 올 때처럼 남은 우렁이 열네 마리를 비닐 주머니에 넣어 가지고 아이들과 함께 산으로 갔다. 사람의 손을 덜 타도록 될 수 있는 대로 깊이 들어가서 우렁이를 넣었다. 일단은 낯선 곳에서 서로 의지하라고 모두 한자리에 놓고 모래흙을 덮어 주었다. 저희끼리 모여 살든지, 물살에 떠밀리다 적당한 곳에 자리를 잡든지 그저 오래오래 살았으면 좋겠다. 어린 우렁이를 키우고 어미는 또 빈 배가 되어 떠내려가더라도, 왕성하게 번식하면서 터줏대감처럼 산우렁이가 되어 그 수를 늘여갈 수 있을는지. 더러는 물길 따라 큰 강까지 나아가는 것도 있으리라.

돌아오는 길이 허전한 듯도 싶었지만 마음은 시원했다. 마치 큰 짐 하나를 덜어낸 느낌이었다.

외암리에서 보낸 하룻밤

가까운 사람 여섯이 칠월 초에 짧은 여행을 다녀왔다. 우리가 찾아간 충남 아산의 외암리 민속마을은 약 500여 년 전 시작된 예안이씨의 세거지(世居地)로서 전형적인 농촌마을이다. 설화산을 배경으로 앞에는 작은 내가 흐르고 마을 주변에 푸르른 벼논도 펼쳐져 있다. 마을의 고택에는 관직명이나 출신지를 따라 참판댁이나 참봉댁을 비롯하여 영암댁, 송화댁, 종가댁 등 안내표지가 대문 앞에 서 있다. 정원이 잘 가꾸어진 충청지방 고유의 반가와 초가집들이 중요 민속자료로 지정되어 보존되고 있는 곳이다.

일행이 마을 입구에 있는 정자에서 쉬는 동안 나와 친구는 선발대가 되어 저녁에 묵을 집을 찾아보기로 하였다. 돌담으로 이어지는 고샅길로 들어서니 예쁜 꽃들이 먼저 반긴다. 그 옛날 둘째 언니가 베갯잇에 수놓았던 꽃무늬처럼 곱고 환하다. 채송화나 금잔화처럼 키 작은 꽃은 담장에 붙어 소꿉놀이하듯 옹기종기 피었고, 군데군데 키 큰 접시꽃들이 돌담 안에서 밖을 향하고 밖에서는 울안을 넘겨다보며 키 재기를 한다. 특히 외암리에서 두드러지게 눈에 띄는 능소화가 노을빛 고운 자태를 뽐내며 돌담장 한쪽에 너울처럼 드리워져 있다.

구경삼아 여기저기 돌아보다가 식혜 파는 집으로 들어가 길을 물었다. 가게 주인은 몇 마디만 듣고도 이내 누구네 집인 줄을 알아내곤 친절하게 가르쳐 준다. 생각보다 쉽게 찾은 그 집은 싸릿대로 엮은 문짝이 양쪽에서 다가와 입맞춤이라도 하듯 맞댄 채 느슨하게 잠금 고리에 걸려 있다. 주인 할머니가 전통체험관에 다듬이질하러 가셨다는 이야기를 전해 들었는데 아직 돌아오질 않으셨나 보다. 대문은 키가 낮아서 안마당이 훤히 들여다보인다. 본채와 아래채가 기역자로 앉은 초가집 안마당은 깨끗하게 쓸려 있고 오른쪽으로 조그만 텃밭이 보였다.

우리는 다시 정자로 돌아와서 사가지고 온 얼음 식혜를 나누어 마시며 모처럼의 여유를 즐겼다. 문득 나뭇잎 사이로 부는 살랑바람에 답답한 도시의 일상이 시원하게 씻겨가는 듯하였다. 할머니의 일과가 끝나는 오후 다섯 시가 될 때까지, 마음은 해 저물 무렵 언덕에 올라가 장에 가신 엄마를 기다리던 어릴 때로 돌아갔다. 기차로 10분이면 되는데 차비가 아까워 이십 리 길을 걸어 다니던 그 시절. 멀리 들길에 삼삼오오 어른들이 보이면 언덕에서 놀던 아이들은 냅다 논둑길로 달려가곤 하였다. 장바구니에 소금절인 갈치라도 한 묶음 들어 있으면 그날 저녁은 진수성찬이다.

할머니께서 집에 오셨다는 연락을 받고 한달음에 달려갔다. 내 친구의 친구 되는 이의 친정집이다. 올해 일흔여덟이라는 주인 할머니가 마치 우리 모두의 친정어머니라도 되는 듯 환한 얼굴로 맞아주셨다. 그리고는 아래채를 통째로 내어 주시며 청소를 하라신다. 우리는 팔을 걷어붙이고 쓸고 닦고 부산을 떨었다. 미리 빨랫줄에 널어놓았던 카펫을 방에다 깔고 선풍기까지 돌리니 그동안 쓰지 않아서 눅눅하던 방이 금세 보송보송하다.

일행은 가방을 한 곳으로 몰아 놓고 안마당으로 나와서 평상에 앉거나 방 닦은 걸레를 빨았다. 그때 누군가 꽃밭 안쪽의 채소밭에서 조그만 오이를 찾아내곤 "내 것!"이라며 좋아했다. 왠지 들뜨고 기분 좋은 웃음으로 한바탕 떠들썩했는데, 지나가던 관광객 몇 사람이 사립문 앞에서 기웃거리다 안으로 들어왔다. 웃음소리를 따라 들어왔다고 한다. 우리는 마치 내 집이라도 되는 듯 한마디씩 거들며 자랑을 하였다. 자랑이 푸졌는지 민박집도 아닌데 묶어갈 수 있다니 얼마나 좋으냐며 우리를 부러워했다.

어둡기 전에 저녁을 먹기 위해 미리 알아 둔 식당으로 가기로 하였다. 수수부꾸미며 잔치국수가 맛있다고 소문난 집이다. 당연히 할머니를 모시고 가려 하니 당신은 사먹는 밥이 입에 맞지 않는다며 안 가시겠단다. 어리광 비슷하게 "그럼, 우리도 맛있는 것 주세요." 했더니 아예 부엌을 내주신다. 친구와 나는 망설임 없이 부엌에 들어가서 할머니가 꺼내주신 쌀을 씻어 안치고 된장찌개를 끓이기로 하였다. 마당가에 있는 밭에서 풋고추를 몇 개 따고 담장을 따라 올라간 호박덩굴에서 어린 잎 서너 장을 땄다.

매운 것을 드시지 못한다는 할머니를 위하여 감자를 볶기로 하였다. 친구와 내가 지나가는 말로 "들기름에 볶으면 맛이 더 좋을 텐데." 하는 소리에 귀 밝으신 할머니께서 냉장고를 열어보라신다. 남의 살림이 손 설어 얼른 찾지를 못하자 마루에서 부엌을 내다보시던 할머니가 답답하신지, "거기 있잖어. 그려! 지금 쳐다보고 있네. 그거!" 하시는 바람에 우리는 배꼽을 잡고 웃었다.

동당거리며 후다닥 차려낸 저녁밥상의 된장찌개는 그야말로 맛이 일품이었다. 멸치 우린 국물에 노랗게 잘 익은 된장을 풀고 금방 딴 호박잎, 익으면 포슬포슬 입안에 녹듯이 부서지는 감자, 그리고 국물 맛을 부드럽게 하는 양파가 들어갔으니 어찌 제 맛이 안 나겠는가. 거기다 약이 바짝 오른 풋고추까지 송송 썰어 넣어서 매콤한 향기가 입맛을 돋우었다. 어디, 사 먹는 음식을 여기다

비하겠느냐는 할머니 말씀에 어깨를 으쓱이며, 이게 정녕 우리가 끓인 된장찌개 맞느냐고 뽐내기도 하였다. 다 같이 밥상머리에 둘러앉아 머리를 맞대고 저녁밥을 먹노라니 웃음꽃 만발한 딸 부잣집 모녀들 같았다.

저녁 설거지가 끝나고도 우리는 일어설 줄을 몰랐다. 할머니가 수줍은 듯 들려주시는 돌아가신 할아버지와의 사랑 이야기에 푹 빠졌기 때문이다. 생전에 당신을 끔찍이 위해 주셨다는 남편께서는 유난히 자상하고 정이 많으셨던가 보았다. 할머니께는 그 사랑만으로도 여생을 보내는 힘이 되는 것 같았다. 일그러지지 않은 노년의 모습이 보기에 좋았다.

그렇게 이야기는 끝이 없을 듯 이어졌지만 누가 먼저랄 것도 없이 하나둘씩 자리에 누웠다. 세 사람은 마루에서, 나머지 셋은 할머니와 함께 방에서 잠이 든 것이다. 낮에 열심히 청소한 아래채는 가방들 차지가 되어도 좋았다. 아마도 우리는 열어 놓은 문을 통하여 몇 마디 더 이야기를 나눴을 것이다. 그러다가 누군가는 꿈속에서 어린 시절로 돌아가기도 했을 테고, 혹시는 그리운 어머니라도 만났을지 모르겠다.

금강산 가는 길은

여행은 길 위에서 시작되고 길 위에서 끝난다. 마치 인생의 긴 여정을 걸어가는 순례와도 같은 것이다. 버리고 싶은 것과 새롭게 간직하고 싶은 것들이 공존하는, 그래서 나는 여행을 좋아한다.

자동차로 떠나는 여행도 좋지만 열차 여행 또한 빼놓을 수 없는 즐거움이다. 며칠씩 묵어가며 하는 긴 여행뿐만 아니라 당일치기 짧은 여행도 좋다. 동행이 있으면 공유할 수 있는 추억 거리가 풍성하지만 혼자 떠나서 더 호젓할 때도 있다. 그러나 좋아한다고 해서 마음만큼 자주 갈 수 있는 것은 아니다. 어쩌면 자주 갈 수 없기 때문에 여행에 대한 기대감이 더 큰지도 모르겠다. 어쩌다 가끔 짧은 나들이라도 하고 나면 거치적대던 묵은 감정들이 시원하게 씻겨 나간 듯 기분이 산뜻하고 새롭다.

몇 년 전에 한 동호회에서 주최한 답사여행이 있었다. 그때가 유월이었는데 6 · 25를 생각하는 마음으로 땅굴과 북한노동당사, 그리고 월정리역을 돌아보는 것으로 짜인 일종의 계획답사였다.

백마고지역이 개통되기 전이었으니 의정부에서 꽃그림 열차를 타고 경원선 최북단역인 신탄리역까지 가서 버스로 이동하였다. 기찻길 옆에 서 있는 나무들이 짙은 초록으로 꽃보다 예쁜 잎들을 반짝이고, 선로 변에는 길게 이어진 개망초 꽃이 하얗게, 하얗게 흔들리며 우리를 따라왔다. 나지막한 산등성이를 끼고 싱그러운 바람을 가르며 달리던 열차는 신탄리역에서 더 나아가지 않았다.

"철마는 달리고 싶다"

철도 중단점에 세워진 구조물에 있는 문구처럼 외치듯이 승객들을 쏟아 놓은 채 나 몰라라 하는 열차를 뒤로하고, 일행을 태운 버스가 천천히 유월의 푸름 사이로 들어선다. 길은 지난여름 폭우로 인한 산사태로 계곡이 온통 바위와 자갈로 뒤덮여 있다. 여기저기에서 유실된 도로와 다리를 복구하는 공사를 하고 있었지만, 피해지역이 워낙 방대해서 언제나 끝이 날는지 요원해 보였다. 수해의 참상이 한눈에 들어와 마음이 편하지 않았던 일행은 저마다 놀라고 걱정스러워했다.

어디쯤이었을까? 산으로 난 길을 달리는 버스 안에서 안내하는 사람이 한 곳을 가리켰다. 왼쪽에 있는 산꼭대기에 숲인지 뭔지 덩어리 같은 것이 육안으로 보였다. 그곳은 북한군이 있는 곳으로서 이쪽과의 거리가 가장 짧은 곳이라 하였다. 저쪽에서 총을 겨누고 있다고 생각하니 똑바로 마주 보기도 두려울 정도로 등줄기가 서늘하다.

땅굴과 노동당사를 돌아본 뒤 일행 몇이서 월정리역으로 갔다. 앙상한 골조만 남아 있어서 나간 집처럼 썰렁하다. 구내의 선로 위에 남아 있는 녹슬고 낡아빠진 기관차 한 량이, 손대면 금방이라도 폭삭 주저앉아 버릴 것처럼 세월의 무게에 짓눌려 있다.

나는 텅 빈 대합실 한쪽 매표구의 유리 없는 창구에 대고, "금강산역 두 장 주세요." 하고 소리 질렀다. 누군가 옆에서 소리 없이 웃었을 뿐, 메아리도 없는 정적만 이어지고 왠지 마음이 스산해졌다.

한동안 배편으로 금강산 가는 길이 열렸지만 그것도 지금은 중지된 상태다. 그러나 나는 뱃길이 다시 열린대도 금강산만큼은 열차를 타고 가보고 싶다. 앞으로 월정리역까지 복원이 되고, 통일이 되면 북한의 강원선과 연결할 수 있다니 어서 그날이 왔으면 좋겠다.

계절에 따라 그 아름다움이 달라서 여러 가지 별칭으로 불리는 금강산. 봄 금강, 여름 봉래, 가을 풍악, 그리고 겨울 개골산까지

철따라 찾아갈 수 있다면 얼마나 좋을까. 가장 느리게 달리는 열차를 타고 창문을 있는 대로 다 열어 놓고, 산에서 불어오는 바람에 마음을 맡긴 채 천천히 산천경개를 누리고 싶다.

그러나 나의 이런 감상적인 바람[願]과는 비교할 수조차 없이 절실한 바람을 갖고 사는 사람들이 많이 있음을 안다. 전에 살던 아파트의 옆집 할머니만 해도 이북에 아들을 두고 있는 이산가족이다. 십 년도 더 지난 그때 육십 대의 딸 내외와 함께 사셨으니, 지금은 아흔 살이 훨씬 넘었을 그분은 당신 스스로 "나는 아프면 안 돼. 오래오래 살아서 꼭 내 아들을 만나야 해."라며 기도하듯이 말씀하셨다. 자그마한 몸피에 적지 않은 연세를 생각하면, 하루하루의 삶을 온전히 정신력으로 지탱하신다는 생각이 들었다.

올해로 분단 칠십 년이라는 긴 세월 동안 헤어진 가족을 그리다가 벌써 이 세상에 남아 있지 않은 이도 많고, 나이가 들어 내일을 기약하기 어려운 이도 있을 것이다. 분단과 이산의 아픔이 얼마나 큰 것인지 전후세대인 나로서는 그 절절한 깊이를 다 알지는 못한다. 다만 늦기 전에 만나야 할 사람들이 서로 만날 수 있도록 하루속히 자유롭게 오고 갈 수 있는 날이 오기를 빌어본다.

Chapter 4

느티나무

선물

외국의 한 언론사에서, 그 나라의 먼 시골마을에서 수도까지 가기 위해 가장 빨리 갈 수 있는 방법을 현상 공모했다. 각종 교통수단이 등장하고 응모자의 숫자도 많았지만 당선된 사람은 어린 여자아이였다. 그 먼 길을 가장 빠르게 가는 방법은 "친구와 함께 가는 것."이라는 답이었다고 한다.

나는 어릴 때 친구들과 노느라 시간가는 줄 모를 때가 많았는데, 그때 어머니는 화를 내시려다 말고는 "그래, 부모 팔아 친구 산다더라."는 말씀을 하시곤 하였다. 그만큼 친구가 중요하다는 뜻이었을 것이다. 그 시절 함께 놀던 소꿉친구나 학교 친구는 오랜만에 만나도 엊그제 만난 듯 거리감이 없어서 좋다. 서로를 잘 알고 이해할 수 있기 때문이다. 그런데 나에게는 결혼 후에 만났으면서도 어릴 적 친구 못지않게 가깝고 소중한 친구가 있다. 그녀를 만난 것은 내게 큰 행운이다.

20여 년 전, 안양에 살던 우리는 새 아파트를 분양받기 위해 살던 집을 팔았다. 이사 갈 집을 구하기 위해 남편과 함께 영등포에서 김포공항으로 가는 버스를 탔다. 서쪽 바다로 흘러가는 한강을 따라 해가 지는 쪽을 향하여 무작정 나선 길이다. 남편이 출퇴근하기 수월한 곳을 찾아서였다.

버스가 양화대교 끝머리를 지나칠 때쯤 멀리 나지막한 산을 뒤로하고 단독주택들이 늘어서 있는 것이 보였다. 남편과 나는 약속이라도 한 것처럼 "저기 한번 가보자."는 말을 하고 인공폭포를 지나 첫 번째 정거장에서 내렸다. 큰길을 건너 우리가 찾아간 곳은 목동의 양화초등학교 바로 앞에 있는 2층짜리 단독주택이었다. 바람도 싱그러운 초여름의 일이다.

그녀와는 그렇게 집주인과 세입자로 만났다. 두 집 똑같이 큰아이가 딸이고 아래로 아들을 두었다. 처음엔 여섯 살짜리 우리 아이와 한 살 위인 그 집 아이가 혹시라도 싸우지는 않을까 염려했지만 걱정과는 달리 그들은 아주 잘 놀았다. 아이들만 사이좋게 지내는 것이 아니라 어른인 우리도 서로 뜻이 잘 통했다. 통한다는 것만큼 사람을 유쾌하게 만들어주는 게 또 있을까.

그해 가을이었다. 어느 삽상한 저녁에 나는 그녀에게서 편지와 함께 예쁜 스카프 한 장을 선물로 받았다. 서른을 막 지난 나이에, 그것도 여자에게서 편지를 받은 나는 가슴이 두근거렸다. 편지의 내용은 나를 더욱 설레게 하였다. 만나서 기쁘다고, 빨리 가까워지면 그만큼 쉽게 멀어질까 두려워서 다가가는 마음을 억제하고 있다는 것이었다. 그건 그대로 내 마음이었다. 나도 그녀가 좋아서 하루에도 몇 번씩 위층으로 뛰어올라가고 싶었기 때문이다.

좋은 데는 따로 이유가 없다고들 하지만 그녀가 마음에 쏙 들어오게 된 데는 나름대로의 계기가 있었다. 이사한 지 얼마 안 된 여름 휴가철 때였다. 그녀도 나도 휴가를 떠나기 전, 시어른이 계시는 시골엘 먼저 다녀왔는데, 나는 그녀의 그런 마음 씀씀이가 좋았다. 살아가는 방식이 비슷한 것 같아 친숙감이 들었던 것이다. 덜렁대는 성격은 둘이 엇비슷했지만, 그녀는 일손이 여물었다. 여린 심성과 가냘픈 몸 어디에 그런 강단이 숨어 있는지 어려운 맏며느리 역할을 척척 잘도 해냈다.

그 집에서 2년여를 사는 동안 우리는 풋풋한 우정을 키워갔다. 서툰 살림살이와 아이들 키우느라 정신적 여유가 없는 중에도 그 친구와 보내는 시간이 내게는 재충전을 위한 달콤한 휴식이었다. 어떤 말이라도 스스럼없이 나눌 수 있었으니 살면서 그만큼 귀한 선물도 드물 듯하다.

우리는 가끔 책을 한 권씩 사서 나누어 가졌다. 나는 그녀에게,

그녀는 나에게 사주면서 받는 즐거움과 주는 즐거움을 동시에 누렸다. 그리고는 또 서로 바꿔서 읽었다. 그렇게 시작된 함께 책 읽기는, 아이들이 다 자란 뒤에 다시 이어지고 있다. 지금도 '맑은 향기'라는 독서 모임에서 한 달에 한 번씩 정해진 책을 읽고 만나는 것이다.

나중에 우리가 아파트로 이사를 한 뒤에도 그녀와의 만남은 지속되었다. 대학로에서 만나면 초등학생이던 아이들은 연극을 보고 우리는 밖에서 차를 마시며 이야기를 나누곤 하였다. 이야기보따리를 다 풀지도 못했는데 연극이 끝나서 아이들이 나올 때는 잠깐씩 아쉬운 마음이 들기도 했었다. 우리가 즐겨 찾던 샘터 파랑새 극장 옆의 '밀다원'이란 찻집이 아직도 그대로 남아 있을까. 불현듯 감미롭던 커피 향기가 흘러간 시간 속에서 되살아온다.

친구란 필요할 때 옆에 있어야 한다는 말이 있다. 그녀가 그렇다. 늘 가까이서 어깨를 두드리며 나를 일구어 준다. 좋은 일에는 진심으로 기뻐하고, 힘들어 할 때는 맨발로라도 뛰어와 나를 잡아줄 사람이다. 싸워도 좋으니, 누가 잘못하는 일이 있으면 하지 못하도록 말려주기로 했던 젊은 날의 약속처럼 가끔은 입바른 소리도 잘한다. 그런 입바른 소리에 옹이가 질 때도 있지만 더 깊은 곳에서는 오히려 달콤하게까지 여겨지는 것은 혈육에 맞닿은 심정이 아닐까 싶다.

스무 해가 넘게 쌓인 정은, 날이 갈수록 서로에 대한 친밀감을 더욱 차지게 한다. 그녀를 생각하면 언제라도 내 마음은 아주 큰 부자가 된다. 생각만 해도 기분이 노을빛으로 환해지니 그저 기쁘고 고마운 일이다.

물 흐르는 소리에

여행지에서의 마지막 밤이다. 아쉬움인지 작은 설렘 때문인지 쉽게 잠이 오질 않는다. 칠흑빛 어두운 방안에서 잠시 누운 채로 어둠 속의 정적에 마음을 맡긴다. 마음이 눈 녹은 골짜기의 물길처럼 촉촉하게 번져간다. 차고 신선한 그 무엇이 머릿속을 훑고 지나가는 듯 주체하기 힘든 충일감이 밀려든다. 나는 살며시 자리에서 일어나 창가로 가서 커튼을 조금 밀치고 밖을 내다본다. 먹물을 뿌린 듯 캄캄해서 아무것도 보이지 않는다. 그 대신 어디선가 멀리서부터 달려온 듯한 깊은 물소리가 들린다.

팀 보울러의 성장소설 〈리버보이〉에 나오는 주인공 제스가 생각난다. 그녀가 할아버지와 함께 갔던 휴가지에서 칠흑 같은 밤중에 잠 못 이루고 창가에서 서성이며 물소리에 귀 기울이는 장면이다. 그때 제스는 누군가의 기척을 따라 밖으로 쫓아 나가고, 이는 나중에 그녀와 떼려야 뗄 수 없는 한 아름다운 만남의 전주(前奏)가 된다. 아름다운 만남이란 그 말만으로도 가슴이 따뜻해진다. 이번에 함께 여행 온 우리 일행과의 만남도 언제나 나를 따뜻하게 한다.

책 속의 제스처럼 밖으로 나가는 대신 나는 차가운 창유리에 이마가 닿도록 기대서서, 산이 뒤척이며 내는 웅얼거림 같은 물소리에 푹 빠졌다. 쉼 없이 흘러가는 저 물은 어느 골짜기를 들러 어떤 돌멩이를 쓰다듬고, 어디서 또 다른 물과 만나 저리 두런대며 지나가는 것일까. 물도 사람처럼 만나고 어우러지는 기쁨을 알고 있을까. 저 물의 발원지는 어디일까. 이런저런 생각들이 꼬리를 물고 이어진다. 문득 우리가 다녀온 다테야마[立山]의 하늘에 맞닿았던 눈이 녹아서 여기까지 흘러오는 것일지도 모른다는 생각을 한다.

다테야마 쿠로베 알펜루트는 겨울이면 일본에서 가장 먼저 눈이 내리고 이듬해 5월까지도 눈을 볼 수 있다는 곳이다. 산 아래서는 온갖 봄꽃이 까무러치게 피어대는 4월 하순에, 알프스와 저팬(Japan)의 합성어라고 하는 알펜루트에서 만난 산봉우리와 골짜기는 온통 눈으로 뒤덮여 있었다. 해발 2,500m가 넘는다는 산이 겹겹으로 둘러쳐 있어 입을 떡 벌어지게 하는 거대한 산세가 가히 일본의 지붕이라 할 만하였다. 흠집 하나 없이 옥양목처럼 펼쳐진 눈 계곡을 보며 스키어가 아닌 나는 눈썰매를 타고 신나게 달리는 상상을 해 보았다. 금방이라도 천 길 아래로 곤두박질하듯 미끄러져 내릴 것 같아 생각만으로도 온몸이 짜릿했다.

웅장한 산과 쌓인 눈으로 사람을 압도하는 풍경도 장관이었지만, 나는 그에 못지않게 함께 간 일행들과 웃고 떠들던 시간에 취해 순간순간이 몽롱한 지경이었다. 산 정상에 있는 산장 같은 호텔 식당은 관광객이 한꺼번에 밀려들어 설 전날 서울역 대합실처럼 붐볐다. 버스를 탈 때도 그랬는데 공교롭게 식당에서 또 마주친 중국 팀에게 매번 차례를 밀리기만 하는 일도 흥미로웠다. 맹렬한 기세로 좌석을 향해 돌진하는 그들에게 한 발 물러서주는 여유로움을 은근히 누렸던 것일까. 차례를 기다리며 우리 일행은 차가운 산바람에 행여 추울세라 서로의 목에 스카프를 꼭꼭 감아 주었다. 그냥 둘러 주는 게 아니라 조금이라도 멋져 보이게 요리조리 모양을 내주며 서로 예쁘니 어쩌느니 하던 작은 일까지도 우리를 즐겁게 했다.

어디서나 그랬다. 특별한 여행길에서는 물론 무심히 지나치는 일상에서조차 나는 사람에 대한 기억과 그리움이 먼저 남는다. 어디를 갔는지, 무엇을 보았는지도 중요하지만 누구와 함께였는가에 따라 추억의 깊이가 달라지는 것이다.

이번 여행은 조금 더 특별하다는 생각을 해 본다. 사십 대 중반에 늦깎이로 들어간 대학원, 그곳에서 만난 친구와 시작한 독서 모임 회원들과 함께 했기 때문이다. 먼저 입학한 사람 중에서 나보다 몇 살 적어 보이는 두 사람이 눈에 띄었다. 동병상련의 처지여서였을까. 모두 어디 있다가 이 나이가 되어서야 그 쉽지 않은 공부를 하겠다며 나타났는지, 나는 반갑기도 하고 또 다른 한편으로는 적잖은 위안을 받기도 하였다.

독서 모임은 학교 공부는 끝났지만 힘들게 시작했던 만큼 그대로 손을 놓는 것이 아까워 책이라도 가까이 하자고 시작된 모임이다. 나중에 가까운 사람 넷이 더 합류하여 일곱 명이 되었다. 책 읽는 모임은 늦은 나이에도 얼마든지 해나갈 수 있는 일 중의 하나여서 노후대책 한 가지는 잘해 놓았다며 서로가 고마워하는 만남이다.

단체로 다니는 낮 관광이 끝나고 밤이 되면 돌아가며 한 방에 모여 우리만의 시간을 가졌다. 방주인은 손님 대접을 한다며 방에 비치된 차를 내기도 하고, 일본식 인사로 무릎을 꿇고 머리를 조아리며 맞이하기도 하여 우리를 즐겁게 해 주었다. 오늘 밤도 다 같이 모여 제가끔 살아온 이야기를 풀어놓았다. 한 사람씩 자기 이야기를 할 때마다 그 동안 서로가 알지 못했던 숨은 모습에 놀라고, 때로는 자식 때문에 힘들어 했던 얘기에 모두가 가슴 저려하였다.

어둠이 눈에 익어 검푸르게 비치는 창가를 떠나 다시 자리에 눕는다. 옆에서 평화롭게 잠든 친구는 자는 모습도 외모처럼 조신하기만 하다. 오늘 우리는 환상적인 아침을 맞이했었다. 눈을 뜨자 창밖에 아기 주먹만 한 눈송이가 쏟아지고 있던 것이다. 아직 새잎이 돋지 않은 숲의 빈 나뭇가지마다 순식간에 눈이 쌓이고, 행여 놓칠세라 우리는 노천탕으로 달려갔다.

산골짜기를 따라 올라가며 계단식으로 이어진 노천온천에서 하얀 김이 모락모락 올라왔다. 우리는 물속에 정자가 있는 중심 온천물에서 얼굴만 내놓고 하늘에서 쏟아져 내리는 눈꽃 세례를 받았다. 따뜻함과 차가움이 묘하게 어우러져 꽃비처럼 쏟아지는 눈발 속에서 그대로 붕 떠오를 것 같은 환상에 빠졌다. 다시 생각해도 입가에 그윽한 미소가 번지는 아침 풍경을 그리며, 이제 나는 여행지에서의 마지막 밤을 편안한 휴식으로 재충전할 것이다. 물 흐르는 소리가 꿈결처럼 아득하다.

느티나무

가뭄 끝에 내린 단비가 초여름을 불러오는 전령사 같다. 미련 많은 늦봄의 엉덩이를 철썩 쳐서라도 밀어낼 작정인 모양이다. 하긴 하루가 다르게 자라는 연록빛 숲의 짙어가는 모습은 초여름의 그것에 못지않다. 바람결에 나부끼며 반짝이는 나뭇잎을 보면 내게도 그 싱그러운 기운이 전이되어 새 힘이 솟는 것 같다.

그래선지 늘 나무가 좋다. 나무를 싫어하는 사람이 있을까만 나는 유난히 나무가 좋다. 스무 살로 접어들던 무렵에는 감나무를 좋아했다. 울타리 밖에 있던 감나무의 도톰하고 윤기가 도는 어린 잎과, 가을이면 여한 없이 붉게 물드는 단풍이 너무나 좋았기 때문이다. 감나무는 단풍도 화끈하거니와 잎이 질 때는 마치 커다란 주먹으로 땅이라도 치듯이 힘차게 떨어져서 그 성정이 거침없을 거라는 생각을 하기도 하였다. 무엇보다 늦가을에 푸른 하늘을 배경으로 주홍빛 알전구처럼 익어가는 열매가 내 마음에 반짝 불꽃을 일으켰다.

감나무를 좋아하는 마음이 조금씩 변해가다가 나이가 들면서 그 마음이 은행나무로 바뀌었다. 은행나무의 새눈은 잎싹을 뭉쳐서 밀어낸다. 마치 작은 주먹으로 쾅쾅 치면서 단단한 거죽을 뚫고 나오는 것 같다. 그 점이 내 맘에 쏙 들었다. 게다가 은행나무는 단단해서 가로수로 서 있는 둥치에 손바닥을 부딪치면 찌릿한 반동이 어깨까지 온다. 이제야 말이지만 감나무는 사실 가지가 약해서 툭하면 부러지길 잘했다.

마치 편애를 하듯 몇몇 종류의 나무에만 쏠리던 내 마음은 시간이 흐르며 자연스럽게 보편적인 나무사랑으로 바뀌었다. 그저 바라보기만 해도 마음이 통하는 친구처럼 나무를 보면 마음이 편안해지는 것이다. 거기다 욕심을 더 보태면 집 안에도 내가 좋아하는 나무 몇 그루 정도 들여놓았으면 하는 거다.

살고 있는 집이 아파트라서 키가 큰 나무는 못 키우지만 발코니에 있는 화분에 심은 아젤리아와 동백이 해마다 예쁜 꽃을 선물한다. 친구에게 받은 이 선운사 동백의 선홍빛 꽃잎은 만나는 순간 가슴이 뭉클해져서 보는 이의 마음을 설레게 한다. 묘한 매력이다. 동백은 꽃도 좋지만 잎이 사철 실하고 가지도 단단하여 변덕이 없는 친구처럼 믿음직한 데가 있다.

그 옆의 화분에서는 남천이 자유롭게 자라고 있다. 남천의 자유는 사람이 마음대로 가지치기를 할 수 없다는 특성에서 온다. 흙에서는 여러 대가 올라오지만 가지를 치지 않기 때문에 나무의 모양을 위해서 인위적인 행위를 하지 못하고 생긴 대로 그냥 놔둘 수밖에 없다. 나는 남천의 이런 야(野)한 자유를 좋아한다. 수수하게만 보이는 남천도 늦가을이 되면 작은 잎들이 불에 타듯 붉고 환하게 바뀐다. 겉으로 드러나지 않는 열정을 안으로 키우며, 소박한 남천의 화려한 변신처럼 한 번은 활짝 펼쳐보고 싶은 꿈을 품고 사는 이도 적지 않을 것이다.

둥그런 오지항아리 뚜껑에 앉혀 놓은 돌 틈에서는 은행나무도 한 그루 자란다. 은행 한 알을 돌 틈에 묻어둔 것이 발아되어 벌써 아홉 해가 넘었다. 밑둥치의 굵기가 어른 엄지손가락보다 더 굵어졌다. 그 안에 동그란 나이테도 자라고 있을 것이다. 몸집은 작아도 봄이 오면 새잎이 돋아 부채꼴로 자라고, 가을이면 어김없이 노란빛으로 물든다. 그보다 먼저 심었던 감나무는 너무 급하게 자라다가 돌을 쪼개면서 떨려 나가버린 지 오래다. 나는 은행나무도 돌을 쪼개고 뛰쳐나갈까 봐 걱정한다. 뭐든지 빨리 못해 안달하는 사람처럼 조급해 하지 말고 천천히, 아주 느리게 자랐으면 좋겠다. 그리고 나도 그렇게 천천히, 느리게 사는 것을 배우고 싶다.

지난가을에 아파트 화단 앞에 서 있는 주목의 빨간 씨앗을 가져다 돌 틈에 묻어두었다. 얼마 만인지 잊고 있을 무렵 실처럼 가느다란 싹이 올라오더니 어느새 짙은 초록의 잎들을 내었다. 주목의 싹이다. 씨앗을 여럿 묻었지만 발아된 것은 두 개뿐이다. 신기하기도 하고, 그 열악한 돌에서 싹을 낸 것이 여간 신통한 게 아니다. 너무 여려서 겨울나기가 잘될는지 걱정이지만 저들도 나름의 생존법이 있을 테니 잘 적응해내리라 믿는다. 저 연약한 것이 언제쯤 몸피를 키우고 새로운 가지가 돋을지 궁금한 것은 너무 성급한 기다림일까.

나에게는 이런 성급함을 잠재울 만큼 긴 시간을 눈에 익혀온 나무가 있다. 이십여 년 전 새 아파트에 처음 입주했을 때부터 단지 안에 있는 공원 길목에 어린 수문장처럼 서 있는 나무다. 지금은 늘어난 나이테만큼 제법 큰 그늘을 주고 있지만 나무 나이로 보면 아직 어리디 어리다고 할 수 있을 것이다. 언젠가 그곳을 지나면서 딸아이에게 말했다.

"엄마는 이 느티나무가 참 좋더라. 현미야! 이 나무 예쁘지 않니?"

"아유, 엄마~ 그 소리 한 번 더 들으면 백 번째에요. 이제 이 나무도 엄마를 알아보겠네!"

세상에!

나를 알아보는 나무가 있다니 얼마나 기쁜 일인가. 그 생각을 하면 나도 모르게 빙긋이 웃음이 난다. 마치 화가 나거나 힘든 일이 있어도 언제나 내 편에 서서 보듬고 다독여주는 친구처럼, 그 아래 서거나 바라보는 것만으로도 그 느티나무는 내게 위안과 평온을 준다.

날 보러 와요

일주일에 한두 번씩 찾아가는 산비탈의 작은 밭은 식구가 많은 집처럼 여러 가지 푸성귀로 복닥복닥하다. 고추나 토마토 같은 열매채소는 물론이고, 몸에 좋다는 이런저런 야생초까지 '나도 채소'라는 듯 어엿하게 한자리 차지하고 있다.

민들레나 미나리는 일부러 가꾸지 않아도 주변에서 흔하게 보는 나물이지만, 주말농장을 시작하면서 취나물과 함께 이들에게도 밭 한 고랑을 내주었다. 상추나 쑥갓과 함께 쌈으로 먹거나 겉절이를 해 먹어도 좋고, 살짝 데쳐서 무쳐 먹어도 그 맛이 각별하다. 미나리의 상큼함과 민들레의 쌉쌀한 맛이 봄날의 나른함을 날려 버린다. 해서, 봄이 되면 나는 가끔 씀바귀와 함께 민들레

잎 겉절이를 해놓고 남편에게 슬쩍 한마디 던진다.

“당신 쓴맛 한번 볼래요?”

쓴맛이라면 민들레 못지않은 머위가 있다. 자라서 굵은 잎자루를 이용한 나물도 맛있지만 봄에 올라온 어린순을 데쳐서 들기름 양념장에 무쳐 먹는 맛도 일품이다. 워낙 아무 곳에서나 잘 자라니 던져두듯 심어 놓고 내버려 둬도 봄이 되면 새순이 올라온다. 일찍 철난 아이처럼 대견하고 고맙다.

산에서 고라니가 내려올까 봐 쳐놓은 그물망 울타리 옆에는 참취가 자란다. 송송한 털 때문에 은빛이 감도는 듯한 녹색 잎사귀가 얼추 하트 모양을 하고 있다. 심성이 고운 여인처럼 향기가 짙고 그윽해서 취나물은 마치 봄나물의 대표 같다. 데쳐서 나물로 먹기도 하지만 연하고 부드러운 잎은 날로 먹어도 좋다. 한입 물면 입안에 가득히 퍼지는 취나물의 향기를 좀 더 늦게까지 맛보기 위해 옆에다 옥수수를 심어 두었다. 옥수숫대가 자라서 그늘을 만들어 주면 잎이 한결 연하게 될 것이다.

옥수숫대가 책임져야 할 일은 참취에게 줘야 할 그늘 말고도 또 있다. 넝쿨강낭콩의 줄기가 타고 올라가도록 지지대 역할을 해야 한다. 지지대를 세울 작업 여건이 좋질 않아서 궁여지책으로 내 본 방법이다. 고추나 토마토는 일일이 지지대를 세워주었는데, 넝쿨강낭콩이나 작두콩은 이렇게 쉽게 해결하려는 게 잘하는 일인지 모르겠다. 농사일이 어디 하나 허투루 볼 일이던가. 왠지 같은 밭에 심어 놓고 차별하는 것 같아 미안한 마음도 든다.

그러고 보니 밭에서 제일 대우받는 작물은 고추인 듯하다. 밭두둑을 높게 해 주고, 친환경 퇴비로 밑거름도 넉넉하게 집어넣었다. 나무가 튼실해야 열매도 많이 맺고 병충해도 덜 입는다며 남편이 공을 여간 들이는 게 아니다. 작년에 수확한 풋고추를 반 넘어 독식했다고 자랑한 만큼 올해도 그 기대치가 대단한 눈치다. 하긴 금방 따낸 풋고추가 반짝반짝 윤이 나는 걸 보면 저절로 군침이 돈다. 된장에 푹 찍어 먹으면 금세라도 밥 한 공기쯤은 뚝딱 해치울 것 같다.

영양이나 효능으로 치면 우리가 먹을 수 있는 산야초의 어느 한 가지인들 버릴 게 있을까. 내가 가꾸는 작물들에 대해 좀 더 자세하게 알고 싶어 인터넷을 찾아보면, 갖가지 나물은 물론 우리가 흔히 먹는 채소가 그대로 다 몸에 좋은 약이 된다. 세상에 쓸모없는 사람은 없다는 말처럼, 나물도 제각각의 성질대로 효능을 갖고 있어 건강에 도움을 주는가 보다.

식보가 약보보다 낫다는데, 기왕에 시작한 주말농장에서는 건강한 먹거리를 위해 친환경 농산물로 키우고 싶다. 작은 밭을 나누어 고들빼기, 참비름, 당귀, 씀바귀, 돌나물 등등 먹을 수 있는 야생초를 많이 심었다. 될 수 있으면 자연에 가깝도록 땅도 적당히 거친 채로 놔두고, 풀도 함께 크도록 조금은 내버려 둔다.

야생초가 대체로 다른 풀들과 어울려 자라지만, 특히 미나리는 풀 속에서 자라면 줄기나 잎이 더 연하다. 햇빛 한 줄기라도 더 받으려고 안간힘을 쓰면서 부대낄 법도 하건만, 오히려 풀과 함께 자라는 게 뻣뻣하지도 않고 부드럽다. 사람에게 좋다는 산야초들은 거의 다 번식력이 강하고 척박한 땅에서도 잘 자란다.

저절로 날아든 씨앗이 발아되었는지, 쪽파 옆에는 냉이도 제법 눈에 띈다. 나지 말았으면 하는 잡초들도 때가 되면 순서대로 올라와 자리다툼을 한다. 좀 있으면 개망초가 밀물처럼 몰려왔다가 지고나면 달맞이꽃이 올라올 테고, 요즘은 쇠뜨기가 한창이다. 마치 골고루 씨앗이라도 뿌린 듯이 다복솔처럼 탐스럽게 잘도 올라온다. 더 크기 전에 뽑아내야 할 잡초일망정, 주인 격인 채소나 나물들과 어울려 한동안은 제 터라도 되는 듯이 극성을 부리겠지.

어디 그뿐이랴. 덩달아서 불청객인 달개비와 환삼덩굴이 기웃대며 끼어들 테고, 구석구석 차지하고 있는 저 많은 풀꽃들도 서둘러 씨앗을 터트릴 것이다. 흙과 물과 햇볕을 기반으로 나의 작은 산밭에는, "날 보러 오세요." 하듯이 올 한 해도 풀들의 종합전시장처럼 각종 푸성귀들이 북적이겠다.

인연의
징검다리

"잘 다녀와요."

이메일에 적힌 짧은 한마디가 가슴을 촉촉하게 한다. 오빠의 기일을 잊지 않고 기억해준 그 사람이 고맙다.

인연이란 우연을 가장한 필연이라고 했던가.

인터넷에서 자료를 찾던 중에 우연히 들른 한 문학 사이트에서 그 사람의 이름을 발견하고 놀랐던 기억이 새롭다. 짧게 몇 줄의 글을 올리고 나서 그 이름의 주인공이 내가 아는 사람이기를 확인할 수 있는 답글이 올라올 때까지의 기다림이 몹시 길게 느껴졌다.

"은수야! 30년 만이구나" 하는 글제를 보고 두근거렸던 순간이 있었고, 그렇게 우리는 삼십 년 만에 온라인상에서의 해후가 이루어졌다.

내가 중학교 3학년이던 어느 날, 보낸 이가 '○○남'이라는 낯선 이름의 편지 한 통을 받았다. 우리 집 주소를 붓글씨체로 단정하게 써서 보낸 사람의 이름을 보고 나는 가슴이 쿵쿵 뛰었다. 이름으로 보아 어느 남학생에게서 온 편지가 아닐까 짐작했기 때문이다. 편지를 읽어가며 가슴의 두근거림은 얼굴의 화끈거림으로 바뀌어 갔다.

남자 이름의 주인공은 여자였다. 당시 파월장병으로 있던 오빠의 편지 친구가 내게 편지를 보냈던 것이다. 그녀도 나의 오빠에게 "오빠"라고 불렀는데 아직 어려서 그랬을까. 오빠의 여자 친구에게서 받은 편지가 나를 몹시 쑥스럽고 수줍게 했던 기억이 난다.

우리는 오빠가 귀국할 때까지 두 해 가까이 꽤 많은 편지를 교환했다. 지금도 그렇지만 글씨가 엉망이었던 나는 늘 그녀의 예쁜 글씨가 부러웠고, 그녀는 내게 편지를 잘 쓴다는 칭찬을 하였다. 살벌한 전장(戰場)의 오빠에게 진심으로 친동생 못지않은 정성을 보였고 내게도 다정다감했던 그녀가 싫지 않았다.

귀국 후에 오빠는 작은 선물과 함께 엷은 연둣빛 스웨터를 내 것과 똑같은 것으로 장만해서 그녀를 만나러 갔다. 오빠가 그녀몫으로 내 옷과 똑같은 것을 준비한 까닭은 비록 글로 맺은 동생이었지만 내심 나와 대등한 대우를 하려던 배려였다는 생각을 한다.

오빠는 그때 만나서 찍은 사진을 가지고 와서 보여주기도 했는데 서로 잘 어울릴 것 같은 그들이 결혼까지 가지 않았던 이유를 알 수는 없었다. 내가 그녀와 만나고 나서 들은 이야기지만 아홉 살이라는 나이 차가 당시에는 극복하기 쉽지 않은 장애가 되었던 것 같다. 오빠의 결혼과 함께 나와의 편지 왕래도 자연스레 끊어지고 그 후로 나는 그녀의 소식을 알지 못했다.

가끔 지하철 6호선을 타고가다 보면 그녀가 살던 동네의 역 이름이 나오는데 그때마다 나는 잠시나마 그녀를 떠올리곤 하였다. 그러던 차에 인터넷에서 그녀의 이름을 한눈에 알아보았던 것은 우리 사이에 아직도 인연의 끈이 남아 있기 때문이었나 보다.

뜻밖에 그녀는 멀리 제주도에서 살고 있었다. 나와 처음으로 연결된 전화 통화에서 그녀는 잠시 울먹이는 듯하였다. 젊은 날에 이미 고인이 된 지 오래인 오빠의 소식도 우연히 들어 알고 있었다며 나를 놀라게 했다.

얼마 뒤에 그녀는 다시 한 번 나를 깜짝 놀라게 해주었다. 오빠에게서 받았던 것이라며 얼굴 한 번 본 적이 없는 나의 학창시절 사진을 삼십 년이 넘도록 간직하고 있다가 내 홈페이지에 올려준 것이다. 마침 그 사진은 나에게 남아 있질 않아서 무척 아쉬워하던 참이었다. 단발머리에 교복을 입은 내 어릴 적 흑백사진이 흘러간 세월을 말해주고 있었다.

우리는 서로 만나 보기를 고대했는데 생각보다 빨리 그날이 왔다. 그녀가 서울에 올라올 일이 생겼던 것이다. 처음 보는 사람이었지만 낯설지 않고 푸근하게 느껴졌다. 나중에 함께 만났던 그녀의 아들이나 남편까지도 동기간처럼 친근감을 느꼈던 것은 그만큼 인연의 깊이가 남다르기 때문이었을까.

따뜻하고 정이 많은 그녀가 우리의 만남을 두고 자기는 "네가 느끼는 감정과는 다르다."는 말을 하였다. 나의 감정이 좀 무디게 전달되었던 것일까. 그때는 그 말이 와 닿지를 않더니 시간이 흐른 지금은 그 마음의 깊이를 알 수 있을 것 같다.

그녀가 오빠와 편지를 주고받았던 때가 아침 이슬 같은 열여덟 살이었고, 햇순 같은 스무 살에는 처음으로 서로 얼굴을 마주했다. 그것만으로도 아름다운 추억이 되어 평생 빛바래지 않고 남을 만한 일이 아니겠는가.

오빠와 그녀의 인연이 거기까지로 설정되었다면 삼십 년이라는 세월을 건너뛰어 새롭게 이어지는 나와의 인연은 훨씬 더 긴 세월을 부여받은 것 같다. 내 후반기 삶에 나타난 그녀의 등장은 많은 생각을 하게 한다. 그것은 누구보다 살가웠던 동기간을 일찍 여의고 내가 외로워할까 봐 막냇동생을 위해 예비해 두었던 오빠의 선물이 아닐까.

우연히 두 사람 모두 글 쓰는 길을 걷고 있는 우리에게 오빠는 징검다리를 놓아주는 이음매 역할을 했는지 모르겠다.

밤늦게 오빠의 제사를 마치고 집에 돌아와 나는 그녀에게 답장을 보냈다.

"상 위에 접시 하나 더 놓았습니다. 내 마음 안에 당신 마음을 담아서."

자굴산 그녀

오후가 기울었는데 전화벨이 울린다. 남편이다.

"내려올래?"

내일 그곳에 가자는 한마디에 머리만 감은 뒤 후다닥 외투를 걸치고 서울역으로 나갔다. 일 분이라도 빨리 가고자 하는 마음에 35분 뒤에 있다는 열차의 좌석표를 마다하고 가장 먼저 출발하는 입석표를 구입해서 열차에 올랐다.

운 좋게 빈 좌석이 있어서 앉았더니 몇 개 역을 지나도 주인이 오질 않는다. 사람이 오면 일어나지 하고 생각하며 느긋하게 차창 밖을 내다보았다. 철길을 따라 누워 있는 산등성이 여기저기에 흰 눈이 덮여 있다. 멀리 논두렁 위로 번지는 저녁놀이 곱다.

남편의 근무처가 있는 오송에서 하룻밤을 지내고, 내일 그 사람을 만나러 의령에 간다고 생각하니 나도 모르게 입가에 즐거운 미소가 번진다. 차창 밖을 보며 혼자 씩 웃었다. 창유리에 비친 내 모습이 즐거움과 기대로 들떠 있다. 영락없이 바람 든 여자다. 그곳에 가자는 말에 앞뒤 생각할 겨를도 없이 내달았으니 바람이 들어도 단단히 들었다. 오죽하면 안경도 못 챙기고 나왔을까. 챙기지 못한 게 어디 안경뿐일까만 그저 좋기만 하다.

시골에서 농사일을 하며 소설을 쓰는 그 사람의 홈페이지에 들어가면 읽을거리가 많아서 나는 자주 그곳에 들르곤 한다. 그 사람 역시 누구보다 부지런히 나의 홈페이지에 드나들며 살아가는 이야기를 풀어낸다. 두 해가 넘도록 서로 글을 주고받다 보니 마음은 수십 년 지기나 된 듯 가깝다. 그러나 우리는 아직 한 번도 만난 적이 없는 사이다.

그가 얼마 전 남편으로부터 자굴산 자락에 지은 집 한 채를 선물로 받았다고 한다. 거기에 전통 찻집을 열었다는 소식을 듣고 나는 무척 그곳에 가보고 싶었다. 그러나 서울에서 경남 의령까지는 거리가 만만치 않아서 선뜻 나서기가 쉽지 않다. 그런 내 속마음을 알아채고 남편이 기회를 만들어 준 것이다.

이튿날, 대진 고속도로를 타고 가는 길은 마음이 들뜬 탓인지 모든 게 좋게만 보였다. 날씨도 더할 수 없이 맑아서 승용차 안의 나는 밖이 춥다는 것도 잊었다. 덕유산을 비롯하여 계속 산에서 산으로 이어지는 도로변 풍경이 눈을 즐겁게 한다. 들이 넓은 곳에서 자란 내게는 가도 가도 산이 이어지는 것이 신기하기만 하였다.

산이 높으니 골도 깊어서일까. 내내 크고 작은 물줄기를 넘나들면서 길이 이어진다. 냇가에 막 자란 모습 그대로 서 있는 마른 풀들을 보며 지극한 자유로움을 느낀다. 사람의 손길이 닿지 않은 채 저들만이 누리는 무한의 자유, 보는 것만으로도 속이 시원하다.

단성 나들목을 빠져나와 이정표를 따라서 가다 보니 마침내 의령군 칠곡면 소재지가 나타난다. 몇 번이나 지도를 보며 숙지해 둔 덕분에 우리는 여러 번 다녀 본 길이라도 되는 듯 쉽사리 찾아 들 수가 있어서 다행이었다.

'자굴산 등산로'라는 이정표를 따라서 조금 느린 속도로 차를 몰았다. 산 옆구리를 깎아서 새로 난 길을 올라가다가 하마터면 '나무그늘'이라는 팻말을 지나칠 뻔했다. 차를 조금, 아주 조금 후진했다가 우회전하여 단숨에 찻집 '나무그늘'의 마당으로 올라섰다.

산과 하늘과 그리고 단아한 집이 보인다. 남편이 아내를 위해 손수 지었다는 집이다. 먼저 벽면을 거의 다 차지하는 넓은 유리

창이 눈에 들어왔다. 그곳이 차방인 듯하다. 나무의 자연색이 그대로 드러나는 기둥들, 지붕에는 짚으로 엮은 이엉을 올렸다. 건물 옆으로 넓은 작업장이 보인다. 작업장에는 아름드리 통나무와 여러 형태의 원목들이 잔뜩 쌓여 있다. 그 옆으로 살림집이 햇살 아래 정갈한 모습으로 서 있다.

들뜬 마음이 가라앉지 않아서일까. 얼른 차에서 내리지를 못했다. 잠시 후 우리가 차에서 내리자 차방 안에서 한 사람이 유리로 된 쪽문을 열고 반갑게 인사를 하더니 밖으로 뛰어나온다.

"혹시 임은수 님이세요?"

소설가 ○○녀다. 그녀는 예고도 없이 찾아간 사람을 한눈에 알아보았다. 누가 먼저랄 것도 없이 우리는 서로를 얼싸안고 만남을 기뻐하였다. 자굴산의 맑은 공기에 씻겨서일까. 그녀의 눈망울이 참 깨끗하다. 눈은 마음의 창이라는데 마음도 그만큼 맑을 것 같다.

"엉가야! 퍼뜩 들어가입시다."

내 팔을 덥석 잡고 경상도 특유의 억양으로 살갑게 건네는 말씨에 애교가 넘친다. 생머리를 하나로 묶고, 법의(法衣) 같은 회색빛 생활한복에 하얀 남자 고무신을 신었다.

차방에는 우리 말고 한 사람이 더 있었다. 손님 대부분이 알음알음으로 찾아온다고 한다. 손님의 많고 적음에 크게 매이지는 않는 듯했다. 차방에 놓은 탁자들이 모두 남편의 솜씨란다. 원목을 켜서 투박한 모양 그대로 슬쩍 다듬어 놓기만 했는데도 멋있어 보인다. 우리 앞에 놓인 것은 소나무로 만들었는지 향긋한 솔 내음이 올라왔다.

농사일 틈틈이 집 짓는 일을 하고 목공에도 한다는 남편의 모습은 좀 더 자연인의 그것에 가까웠다. 아내보다 긴 머리를 뒤로 묶고, 얼굴빛도 더 맑다. 그런 그를 두고 아내는 글 속에서 '꽁지머리 사내'라고 부르곤 한다.

온돌로 된 차방은 알맞게 데워져 있고 한낮의 부드러운 햇살도 깊숙이 들어와 머문다. 아늑한 차방에서 차를 우려내는 한 남자와 한 여인, 자연을 닮아서인지 그들에게서 청정하고 따뜻한 인성이 풍긴다. 우리가 두 시간 남짓 머무는 동안이 순식간에 지나간 것만 같다.

남편과 아내가 그리 잘 어울리는 사람들도 드물 것이라는 이야기를 나누며 돌아오는 길이 뿌듯하기만 하였다. 마치 아무도 모르는 곳에 나만의 보물이라도 만들어 놓은 것처럼 은밀한 기쁨이 솟았기 때문이다.

깊은
가을 속으로

가고는 오지 않는 사람처럼 한 시대를 떠나보내고 계절이 한 잔의 찻빛으로 가라앉는다. 어느새 깊은 가을 속으로 들어선 것이다. 아침 일찍 창을 열면 멀리 수락산 자락에서 날아오는 청량한 바람이 맵싸하게 두 뺨에 와 닿는다. 나뭇잎이 떨어진 가로수 사이로 지나가는 바람도 한껏 키가 커졌으리라.

시리도록 맑은 공기로 가슴을 채우면, 내 안 어느 구석엔가 남겨진 어둠의 잔재들이 깨끗하게 씻겨 내려서 혈관까지 말개지는 기분이다. 이렇게 상큼하게 부딪쳐 오는 차가움 때문인지 아니면 차가움 속에서 더욱 귀하게 느껴지는 포근함 때문인지, 나는 늘 늦은 가을이 좋고 기다려진다.

답답하고 지루하기까지 했던 지난여름에는 주변에 유난히 아픈 사람이 많았다. 특히 오랜 투병 생활에도 불구하고 끝내 세상을 떠나버린 친구를 생각하면 아직도 내 몸 한쪽이 베어져 나간 듯 상실감을 감출 수가 없다. 마치 긴 터널을 빠져나가듯이 시간이 매우 느리게 지나가고, 그런가 하면 잠시 머물렀다 사라지는 것처럼 한 계절이 순식간에 사라져 버렸다.

그동안 한 번이라도 더 찾아가고 전화라도 자주 했더라면 하는 자책과 아쉬움으로 마음이 저려온다. 한 사람과의 뜻하지 않은 이별로 마음이 아파서 그런지 내 몸도 편하질 않았다. 어깨와 목에 참을 수 없을 만큼 통증이 와서 한동안 병원 치료를 받아야만 했다.

돌이켜보면 사람과의 관계에서 오는 것뿐만 아니라 일상의 많은 일에는 늘 크고 작은 후회와 아쉬움이 따른다. 그것은 내 생활이 한 해의 첫머리부터 어디로 향하는지도 모르는 채 막무가내 앞으로 내닫기만 했기 때문일 것이다. 바쁘다는 핑계로 뒤로 미뤄둔 일이 얼마며, 또 대충 넘어간 적은 얼마나 많은가. 성큼성큼 징검다리 건너듯 살아온 날들을 아쉬워하며, 산다는 것에 대하여 다시 한 번 생각해 본다.

과연 지금 나는 잘 살고 있는 것일까. 갑작스런 지인의 병고와, 아직 천상으로 돌아가기엔 너무 이른 친구의 죽음 앞에서 지나간 계절은 온통 짙은 회색 천으로 둘러쳐진 천막 속 같았다. 나도 모르게 얼마 전부터 또다시 '어떻게 살아야 할 것인가'라는 명제가 가장 크게, 그리고 절실한 문제로 와 닿는다.

작은 일이라도 활력이 있을 때는 살아가는 모든 것이 순조롭고 밝게 보이다가 어느 순간에는 두려움과 나약함으로 다가온다. 문득, 무엇 하나 잘해낼 것 같지 않고 평범한 일상마저 제대로 살아낼 것 같지 않은 무기력함. 한마디로 매사에 자신이 없어지는 것이다. 그런 생각에 사로잡히다 보면 하루하루가 채우지 않은 항아리 속처럼 텅 비어버린다. 며칠 그런 생활이 되풀이되면 그것 자체가 더욱 마음을 무겁게 하는 악순환의 고리로 이어진다.

그렇다고 언제까지 그런 우울의 늪에서 허우적대고 싶지는 않다. 아직은 무엇 하나 선명한 것이 없지만, 늪에서 빠져나올 나뭇가지 하나라도 잡는 심정으로 계절의 변화에 내 마음을 슬쩍 얹어 놓는다. 늦게까지 자주 내리던 소낙성 비를 벗어나 이제 비로소 제 모습을 찾은 이 계절처럼, 나도 이제쯤은 밋밋한 태도를 벗어 던져야 하지 않을까. 생각을 바꾸니 무거웠던 마음이 조금씩 가벼워진다.

아파트를 둘러싼 담장 아래 나직하게 눕는 저녁 햇살 위로 투명한 바람이 지나간다. 붉은 벽돌로 쌓은 키 낮은 담장이 석양빛을 받아 평소와는 다르게 보인다. 거리에 떨어진 나뭇잎들이 벽 쪽으로 몰려 있고, 수북한 낙엽더미 사이로 담장에 돋아난 푸른 이끼가 살짝 내보인다.

늘 보던 풍경인데 왠지 예사롭지 않은 기운이 감도는 것처럼 생각되는 것은 나만이 느끼는 시간의 흔적 때문인가. 벽돌의 붉은색이 고풍스럽기까지 한 담장 아래 낙엽더미와 푸른 이끼, 그리고 엷은 저녁 햇살이 어울려 마치 오래된 성벽처럼 나를 부드럽게 감싸주는 것 같다. 와락, 따뜻하고 편안한 것이 가슴속에 차오른다.

그래, 영 올 것 같지 않던 올해의 가을이 유난히 맑은 데는 무슨 까닭이라도 있는 것이 아닐까. 분명 어떤 은밀한 의미가 숨어 있을 것만 같아 나는 무슨 실마리라도 잡아내고 싶어 안달을 한다. 어쩌면 나는 담금질하듯 자신을 닦달하며 일상으로의 귀환을 서두르고 있는지 모른다.

그렇다. 언제나 내게 활기를 주는 것은 사람들과 더불어 웃고 떠들고 투덜대고 동동거리는 일상의 시간들이었다. 그런 가운데 조금씩 내 모습도 달라졌으리라. 하나씩 겨울 갈무리에 들어가고 한 해를 정리하는 틈새에서, 나는 늦기 전에 무엇이든 새롭게 시작했으면 한다. 막연히 바라고 생각하는 것만으로 그칠 것이 아니라 작은 것 하나라도 실천하는 것이 중요하리라. 마가렛 미첼의 말이 아니더라도 당연히 '내일은 또 다른 내일'이 될 테니.

안일에 빠져서 꾀가 나고 감정이 무디어질 때는 언제나 앞날의 내 모습을 그려보자. 십 년 후, 혹은 이십 년, 아니 그보다 더 먼 훗날에 드러나 보일 자신의 모습을 상상해 보고 스스로 신선한 자극을 받아야겠다.

이 깊은 가을처럼 나 또한 제대로 철이 드는 모습으로 나이 들어간다면.

산밭

집 뒤로 자그마한 언덕이 있고, 언덕을 넘어 좁다란 산길이 이어진다. 구불구불한 길을 따라 올라가면 경사가 완만한 구릉지가 펼쳐지고, 군데군데 작은 소나무나 잡목들이 서 있다. 주변은 온통 무성한 수풀이다. 길 쪽으로 쭉쭉 뻗어 나온 멍석딸기 줄기에, 알알이 매달린 빨간 열매가 어린 발걸음을 붙잡는다. 한 움큼 따서 먹으면 새콤한 맛이 금세 한입 가득이다. 머리에 하얀 수건을 두르고 부지런히 걸음을 재촉하시는 엄마를 따라 산밭으로 가던 길은 늘 볼거리가 풍성했다.

초록이 한창인 여름이면 풀들이 어린아이 어깨 높이만큼 자라서 바람에 너울거렸다. 사느랗고 부드러운 바람이 얼굴을 스칠 때면, 마치 보이지 않는 얇은 천이 살랑거리는 것 같았다. 간지럽기도 하고 사탕 하나를 다 녹여 먹은 뒷맛처럼 감미로운 느낌이 들었다. 나는 걸음을 멈춰 서서 두 팔을 벌리고, 고개를 한껏 뒤로 젖힌 채 깊은 숨을 들이마신다. 그러다가 후다닥, 앞장서서 뛰어가곤 하였다. 뒤에 오시는 엄마의 눈에는 풀숲 사이로 팔랑팔랑 날리는 어린 딸의 단발머리만 보였을 것이다.

바람은 아래서 위로만 불어갔던가. 내 기억 속의 풀들은 계속 산 위쪽을 향해서 제 몸을 흔들고 있었다. 땅이 초록빛 물에 감은 머리를 펼쳐서 산들거리는 바람에 말리고 있었나? 아니면 제풀에 신명이 난 풀들이 일제히 두 팔을 뻗어 흔들어 대던 것인가. 마치 초록 물결처럼 은은하게 반짝이며 산 위로 기어 올라가던 모습은, 어른이 되어서 제주도의 여름 산굼부리에서 보았던 억새풀의 그것처럼, 어린 가슴을 알 수 없는 설렘으로 벅차게 했다.

산길을 걷다가 어머니는 가지가 두 갈래로 벌어져서 Y자형으로 자란 나무가 눈에 띄면 "아이고, 저거 잘라다 쳇다리 만들면 좋것네!"라며 탐을 내셨다. 쳇다리는 술을 거르거나 두부를 만들 때 받침대로 쓰이는 것이다. 커다란 질자배기 위에 걸쳐 놓고 체나 소쿠리, 또는 끓인 콩물을 걸러낼 자루가 떨어지지 않도록 올려놓는다. 콩나물시루에 물을 줄 때도 요긴하게 쓰였다. '쳇다리는 물푸레나무가 최고'라시며, '마땅한 놈' 하나 새로 장만하시는 게 당신의 바람이었다. 내가 일반 나무 도마를 편백나무 도마로 바꾼 것처럼 어머니도 더 좋은 재질의 쳇다리를 갖고 싶으셨던가 보다. 엄마를 닮았는가. 나도 나뭇가지가 Y자로 잘 자란 나무를 보면 딱히 쓸 일이 없는데도, '아유, 그거 쳇다리 하면 딱 좋겠네.' 하는 생각이 저절로 든다.

드물기는 하지만 그 길에서 따낸 갓버섯은 막내인 내가 누리는 최고의 보양식이었다. 대개는 아침 일찍 밭에 다녀오시던 아버지의 손에 들려온 것으로, 어머니는 그것을 호박잎에 싸서 밥 위에 쪄 주셨다. 귀하고 좋은 음식은 아버지 앞에 놓아드리는 게 우선이었는데, 버섯만큼은 언제나 내 차지였다. 밥상 위에 세로로 죽죽 찢어 놓은 버섯을 굵은 소금에 꾸욱 찍어 입에 넣으면, 졸깃한 맛과 함께 은은한 향기가, 그리고 순한 버섯즙이 입안에 그득히 고였다. 손가락까지 쪽쪽 빨아가며 얼마나 맛있게 먹었을까. 그런 막내딸을 흐뭇하게 바라보시던 두 분의 눈길이 아직까지 내 얼굴에 머물러 있는 것 같다.

그렇게 조금만 더 가면 엄마의 놀이터이고 삶의 일부였던 산밭이 있었다. 먼저, 밭 옆에 둥그런 두엄더미가 보이고, 그 가장자리로 호박넝쿨이 커다란 맷방석처럼 뻗어나갔다. 한쪽에는 제멋대로 난 개똥참외가 나도 여기 있다는 듯이 들러리를 섰다. 어머니는 가끔 동부의 여린 잎을 따다가 호박잎과 함께 밥솥에 쪄서 상에 올리셨는데, 나는 가슬가슬한 호박잎보다 반드러운 동부잎이 더 좋았다. 아릿한 그리움이다. 문득 어머니의 밥상이 아른거린다. 갓 쪄낸 동부잎에 알싸한 추억 한 점을 얹어 싸 먹고 싶다.

밭은 한 300평쯤으로, 어렸을 때는 이쪽 끝에서 저쪽 끝이 잘 보이질 않았는데 경사면이어서 그랬는지도 모르겠다. 그 밭에는 기본으로 고구마와 콩을 심었다. 콩 심은 이랑에는 드문드문 수수를 모종하고, 열무씨도 흩뿌려 놓는다. 콩잎 그늘에서 자란 열무는 키가 크고 볼품은 없어도 연하고 맛이 좋았다. 장마가 끝나고 나면 텃밭의 상추나 열무가 물크러져서 푸성귀가 귀해진다. 그때, 콩밭에 군데군데 살아남아 있던 '콩밭열무'로 담근 김치는 '금치'가 되었다.

콩이나 고구마 말고도 그 밭에서 나고 자란 것은 한두 가지가 아니다. 어머니는 녹두나 동부, 참깨 등도 때맞춰 심으셨는데 대체로 거친 땅에서 잘 자라는 것들이다. 그러고 보니, 밭농사에서 빠지지 않던 고추와 들깨는 흙이 부드러운 저 아래 골밭에 심었다. 자라는 아이에게 좋은 환경을 만들어 주는 게 중요하듯이 곡식 하나라도 제각각 토양에 맞게 심어야 한다는 것을 초보 주말농부가 된 이제야 깨닫는다.

그 여름 한철, 아마 나도 그 밭에서 더불어 한 치쯤은 자랐겠다.

서울 복조리

새해 첫날이었다.

아침 일찍 현관문을 여니 밖의 문고리에 조리 두 개가 한 묶음으로 걸려 있다. 대나무로 짜여지기는 했으나 탄력이나 힘이 없는 속대로 성글게 짜인 것이 엉성하기 짝이 없다. 크기도 자그마했으며 분홍과 초록으로 색까지 넣어서 그야말로 장식용으로나 두고 볼 것이었다. 설도 아닌 양력 정월 초하루에 걸어 놓은 것을 보니 누구인지 어지간히 급하기도 한가보다 생각되어 웃음이 나기도 했다.

다음날 찾아온 사람은 아직도 얼굴에 애티가 가시지 않은 청년이었다. 대학생이라고 한다. 학비에 보태려 아르바이트 삼아 한 것이라고 간곡히 부탁하는 바람에 물건에 비해 비싼 값을 부르는 것을 그대로 다 주고 복조리는 아이들 방에 걸어 주었다. 사라져 가는 풍습을 살려낸 것이 재치 있다. 어쨌든지 그는 새해 첫 날부터 자기의 목표를 위해 추운 새벽을 뛰어다녔을 것이다.

정월이면 복조리를 장만하는 것이 언제부터 내려온 풍습인지, 지금까지 그런 풍속이 남아 있는지 모르겠으나 어릴 적 기억 속에는 아직도 그런 일들이 선명하게 남아 있다. 정월 초하룻날 이른 새벽이면 복조리를 파는데 빨리 살수록 복이 많이 들어온다는 속설이 있다. 그러나 우리 마을은 누가 조리를 가지고 다니며 직접 팔거나 사는 일은 없었다. 설날 아침 방문을 열면 벌써 누군가가 두 개씩 포개어 묶은 복조리를 안마당에 던져 놓았던 것이다.

아버지나 어머니는 그 사람이 누구인지 대강은 알고 계신 듯 아마 아무개가 했을 거라는 얘기를 하셨고 대개는 그대로 맞았다. 그 사람은 동네에서 유난히 살림이 어려운 집의 가장이거나 어쩌다 타관에서 흘러 들어와 살던, 역시 형편이 어려운 사람인 경우가 대부분이었다. 복조리를 던지는 일은 한 사람이 두 해를 연속으로 하지는 않았던 것 같다. 서로 간에 묵계가 있었는지 다음 해는 다른 이가 했던 것으로 기억된다.

그렇게 던져진 복조리는 안방 벽에 일 년 내내 걸어 두고 한 해의 안녕과 복을 소망한다. 어느 해는 묶은 것과 함께 쌍으로 걸려 있기도 하였다. 복조리 안에는 동전과 함께 지폐도 넣어 두었는데 딸이 많았던 우리 집은 수(繡)를 놓는데 쓰이던 갖가지 색실도 함께 들어 있었다.

지금은 방앗간에 석발기가 있어서 쌀에 돌이 섞이는 일이 거의 없지만, 쌀에 돌이 많이 들어 있던 그때는 조리가 부엌살림에 없어서는 안 되는 필수 주방기구였다. 어머니나 언니들이 밥을 지을 때마다 두 번 세 번 조리질을 하지만 어쩌다 밥에 돌이 하나라도 들어가는 날에는 이만저만한 낭패가 아니었다. 신기하게도 대개는 그 돌이 어려운 사람, 예를 들어 아버지나 귀한 손님의 밥그릇에 더 잘 섞여 들어갔던 것이다.

복조리는 잎이 한두 개 나 있는 일년생 산죽으로 곁가지 없이 곧게 올라간 것을 쪼개서 만든다고 한다. 산죽은 추운 데서는 잘 자라지 않기 때문에 지리산 이남에서 많이 나는데, 추운 겨울에 올라가서 채취하는 과정부터 정성이 들어갈 뿐만 아니라 한 가닥씩 엮어 가는 이의 손길에도 복을 비는 마음이 담겨 있다는 얘기를 들은 적이 있다.

지금도 부엌에서 조리의 역할이 끝난 것은 아니지만 대량으로 생산되는 플라스틱이나 철제품에 밀려 겉대의 푸름이 감도는 대나무 조리의 정갈한 모습을 부엌에서 대하기가 흔한 일은 아니다.

돌아보면 그때는 사람들의 심성이 참으로 훈훈했던 것 같다.

누군가가 일방적으로 복조리를 던져두고 몇 날 며칠이 지난 뒤에야 겸연쩍은 표정으로 찾아와도, 사람들은 싫은 내색 없이 기꺼운 마음으로 돈이나 혹은 곡식으로 후하게 값을 쳐주곤 했던 것이다.

살림살이가 풍족해진 지금은 오히려 이웃에 대한 배려와 온정이 엷어진 듯하다. 세상인심이 그만큼 메마른 탓일까. 정초에 장만하던 복조리에 대한 기억과 그 의미 또한 세월이 갈수록 잊혀가고 이제는 하나의 상징에 불과한 장식용 복조리로 남은 것 같다.

잊혀가는 것이 어디 그뿐일까만은.

꽃보다 더 아름다운

꽃이 피었다.

발코니에 있는 화분에 심어 놓은 아젤리아가 하나둘 꽃망울이 커지더니 더는 참을 수 없다는 듯이 마침내 툭툭 봉오리를 터트리기 시작했다. 긴 겨울, 때때로 급습하던 한파를 넘어서고 아직도 남아 있을 꽃샘추위도 아랑곳없이 붉은 제 빛깔을 당당하게 드러낸 것이다.

아젤리아는 생장 조건만 맞으면 바늘처럼 가느다란 가지 끝까지 빼놓지 않고 꽃이 핀다. 꽃에 비해 가지는 얼마나 약한지 그야말로 눈만 흘겨도 부러질 정도다. 지나가다가 살짝 건드리기만 해도 꺾이기를 잘해서 몹시 마음 아프던 적이 한두 번이 아니다.

그런데도 줄기가 휘어지도록 욕심껏 꽃을 매달고 있는 것을 보면 그 왕성한 생명력에 놀라게 된다. 오로지 한 번의 꽃을 피우기 위해 일 년 내내 온 힘을 다해서 준비해 온 것처럼 보인다.

실제로 꽃이 피기 전에 나무들은 몸살을 한다. 반짝이던 잎이 까슬까슬하니 윤기가 없어지고 더러는 누렇게 시들어 떨어지기도 하는 것이 마치 산고를 치르고 있는 여인 같다. 그렇게 힘겨워 보이다가 어느 날 문득 꽃망울이 올라오는 것이다.

아젤리아는 포근한 실내에서는 꽃이 잘 피지를 않는다. 어쩌다 꽃을 보게 되어도 밖에 두는 것보다 빨리 시들어 버리고 만다. 화분을 들여온 첫해에는 겨울에 얼어 죽을까 봐 안에다 들여놓았더니 가지만 무성하고 꽃이 제대로 피지를 않았다. 일종의 과보호를 했던 것이다. 밖에서 여름날의 뜨거운 햇볕을 충분히 받고 추운 겨울 또한 제 힘으로 견뎌내야 제대로 된 꽃을 볼 수 있다.

사람도 마찬가지다. 요즈음 학교에서 자주 벌어지고 있는 일련의 일들, 학생이 선생님을 고발하고 학부모가 선생님을 폭행하는 일도 심층에 자리하고 있는 과보호로 인하여 벌어지는 경우다.

아무리 귀하고 어여쁜 자식이라도 어차피 사회라는 넓은 세상에 던져지면 혼자서 책임을 지고 헤쳐 나가야 한다. 그런데도 부모들이 먼저 모든 것을 알아서 챙겨주고 보살피다 보니 아이들이 나약하고 의타심만 커진다. 오히려 부모가 자식의 앞날을 그르치게 하는 경우가 많다는 것이다.

어떤 이는 말하기를 아이들은 때가 되면 이유(離乳)할 준비가 다 되어 있는데 두려워하는 쪽은 오히려 어른들이라고 한다. 공감이 가는 얘기다. 부모가 자녀를 하나의 인격체로 대하기보다 자신의 소유물로 여기거나, 자신이 못한 일을 그들을 통해서 대리만족을 느끼고 싶어 하는 잠재의식이 있기 때문에 아이들이 독립하는 것을 두려워한다는 것이다. 이제는 더 늦기 전에 어른이 이유를 할 차례이다.

신학기가 시작되었다. 꽃을 바라보면서 즐거움을 느끼듯이 아이들에게서도 한걸음 떨어져서 바라보는 기쁨을 가져보면 어떨까? 조금 거리를 두고 보면 가까워서 오히려 잘 보이지 않던 것까지 볼 수 있다. 주관적이고 이기적인 안목을 벗어나 객관적으로 보게 되면 그동안 아이에 대해서 알지 못했던 많은 부분을 알아갈 수 있을 것이다. 하나하나의 개성과 제각각 내재된 능력을 깨워 일으키고 키워주는 일이 어른이 할 일인 것 같다.

나무가 봄, 여름, 가을, 겨울을 제 마음에 드는 계절만 골라서 살아내지 않듯이 사람도 환경이나 주어진 조건을 선택해서 살게 되지 못하는 경우가 대부분이다. 때로는 편안하고, 때로는 사는 게 만만치 않게 여겨질 때도 있겠지만 아이들 스스로 견디고 이겨낼 수 있도록 지켜보는 기다림이 필요하다. 어떻게 보면 그런 다양한 삶의 모습에서 사람살이의 참맛을 더 깊이 있게 배울 수 있지 않겠는가.

자연에 가깝게 자라는 나무가 예쁘고 충실한 꽃을 피워내듯이 사람도 있는 그대로, 물이 흐르듯이 그렇게 자연스럽게 살아가는 것이 사람을 보기 좋은 모습으로 만들어 간다. 계절은 한동안 옷깃을 파고드는 꽃샘추위가 계속되겠지만 봄은 벌써 우리 곁에 와 있다. 조금만 더 따뜻한 햇살이 길어지면 온 천지는 삽시간에 꽃으로 가득할 것이다.

그 속에 꽃보다 아름다운, 사람이 있어 우리를 기쁘게 하리라.

Chapter 5

유행가를 만나다

까치 엄마

잠결에 밖에서 와글와글 시끄러운 소리가 들린다. 살짝 실눈을 떠보니 방안이 훤하다. 늦잠인가 싶어 벌떡 일어나 시계를 보니 6시가 조금 넘었다. 늦은 봄날 휴일 아침에 모처럼 늑장을 부리고 싶은데 여전히 밖이 소란하다.

무슨 소린가 싶어 거실을 지나 발코니로 나가서 아래를 내려다본다. 주차장에 울타리 삼아 가로수처럼 서 있는 은행나무가 우듬지부터 한눈에 들어온다. 보기만 해도 싱그러움이 묻어나는 연초록빛이다. 동네 까치가 다 모여 반상회라도 하는 걸까. 까치 수십 마리가 무리를 지어 떠들어 대고 있다. 새소리가 이렇게 요란할 수도 있구나 싶게 처음 보는 광경이다. 저마다 나 잘났다고 한꺼번에 나대는 것 같아 제대로 의사소통이나 될는지 쓸데없는 걱정을 해본다.

까치 소리에 아침 시간을 벌었으니 오늘 하루는 느루 갈 것 같아 공연히 기분이 좋아졌다. 콧노래라도 부를 듯 발걸음도 가볍게 성당을 향한다. 신호등을 지나서 아파트 건물 사이로 작은 공원을 가로질러, 갓 피어난 푸른 잎 사이로 분홍색 꽃봉오리가 살짝 벙글은 아기사과나무 아래를 걷는다. 요맘때의 아기사과나무 꽃은 그 발그레한 꽃잎이 딱 열여덟 살 아가씨 같다.

관리소 옆을 지나며 살펴보니 아욱이랑 상추 잎이 납작납작 올라와 있다. 노인정에 나오시는 어른들이 가꾸고 보살피는 작은 채소밭이다. 고것들 참 예쁘다는 생각을 하면서 허리를 굽히고 들여다보려다 엉겁결에 뒤로 한 발짝 물러섰다. 어디선가 까치가 날아와 날 잡아채기라도 할 듯이 달려들며 울부짖었기 때문이다.

저한테 잘못한 것도 없는데 왜 그러는지 어이없기도 하고, 아침부터 새한테 밀리나 싶어 열없어진 나는 가던 길로 다시 발걸음을 옮겼다. 나중에 모임에서 그 이야기를 했더니 나이 드신 분들 말씀이 "까치가 알을 품었나 보다."며 알을 보호하려고 사람의 주의를 다른 데로 돌리기 위해서 그런다는 것이었다. 이른 아침에 집 앞에서 야단스럽게 떠들던 까치 떼도 다 산란기라서 그랬던가 보다.

그러고 보니 옛날에도 비슷한 경험을 한 적이 있다. 초등학교

3학년쯤의 일이다. 그때도 늦은 봄이었다. 산밭에 가시는 엄마를 따라가 밭 근처 산자락에서 나물을 뜯는다고 돌아다녔는데, 갑자기 코앞에서 커다란 새 한 마리가 푸드득거리는 것이었다. 꿩이었다. 내가 한참을 쳐다보아도 움직이지 않고 가만히 있다. 뒤에서 두 손으로 탁 덮치면 거뜬하게 잡을 수 있을 것 같았다.

살금살금 꿩이 있는 곳으로 다가가 두 손을 쳐드는 순간 녀석이 푸두둥 날아올랐다. 그런데 한번 날면 불과 2~3m도 못가고 내려앉는다. 내가 가까이 다가가도록 기다리고 있다가 잡으려고 하면 날아오르기를 여러 번, 잡힐 듯 잡힐 듯 잘도 달아나는 녀석을 쫓아 정신없이 뛰어다녔다. 그러기를 얼마 안 가 얼굴이 벌겋게 달아오르고 나는 거친 숨을 식식대며 주저앉고 말았다. 그런 나를 꿩이 한 발짝 앞에서 빤히 쳐다보며 놀리는 것 같아 약이 바짝 오르기도 하고, 한편으로는 그대로 달려들어 날카로운 부리로 쪼아 댈까봐 무섬증이 나기도 하였다.

풀잎에 긁힌 얼굴이 쓰리도록 따라다니다 헛손질만 했던 이야기를 하니, 엄마도 그때 똑같은 이야기를 해주셨다. 근처에 알이나 새끼가 있어서 너를 다른 곳으로 데려간 것이라고. 엄마는 "당최 꿩 잡을 생각은 하지를 말아라. 아이고, 꿩이 우리 막내딸 채가지 않은 것만 해도 다행"이라며 웃으셨다.

한갓 새들도 그런데 사람은 오죽할까. 작은아이가 중학교에 다닐 때였다. 그 무렵 학교 폭력이 사회적으로 큰 문제가 되어 매스컴에서 연일 떠들었다. 아이를 학교에 보낸 부모들은 자나 깨나 걱정이 많았다. 학교가 끝나면 마중을 가는 사람도 있고 너나없이 아이가 무사히 집에 돌아와야 안심하곤 했었다.

밖에 나갔다가 우연히 아파트 앞 횡단보도 건너편에 아들이 서 있는 것을 보았다. 그 뒤로 신호등 조금 못미처 덩치가 굵직굵직한 청소년 서넛이 아들 쪽으로 걸어오고 있다. 윗옷의 단추를 몽땅 풀어헤치고 얼핏 보아도 건들건들 걷는 품이 다분히 불량기가 있어 보인다. 순간 나도 모르게 긴장이 되어 건널목을 향해 마주 섰다. 신호등의 빨간불이 푸른색으로 바뀌기까지 불과 30초도 안 되는 시간에 내 머리 속은 재빠르게 전략을 짜고 있었다.

'녀석들, 우리 애를 건드리기만 해봐라.'

만약 무슨 일이라도 생긴다면 힘으로야 턱도 없겠지만 어느 한 녀석이라도 끝까지 잡고 늘어질 셈이었다. 그동안에 누군가가 경찰에 연락할 수도 있을 테고, 전력을 다한다면 셋이 덤벼도 당해 낼 수 있지 않을까 하는 독기까지 생겼다. 상대방에게 충격을 더하기 위해서 어디선가 들었던 주먹 단단히 쥐는 법을 떠올렸다. 그 말처럼 손가락 끝마디부터 꺾듯이 안으로 말아서 쥐니 한 방만 먹여도 나가떨어질 것 같다. 생각은 그런데도 가슴은 두근대고 입이 말랐다.

신호가 바뀌자 나는 튕겨나가듯 저쪽을 향해 걷고 아들은 이쪽으로 왔다. 횡단보도 중간에서 만난 아이는 가볍게 손만 한 번 들어주고 지나간다. 내 심중을 알면 마마보이 만들려느냐고 아들에게 한 소리 들을 것 같아서 하릴없이 그대로 길을 건넜다. 마침 그때 건널목 앞에서 나하고 맞닥뜨린 청소년들이 바로 옆에 있는 편의점으로 들어간다. 딱히 볼일도 없고 궁금하기도 해서 나도 따라 들어갔다.

가까이서 본 그 친구들은 얼굴이 서글서글하니 순한 양처럼 생겼다. 어떤 부모에게라도 착하고 사랑스러운 아들의 모습이다. 나는 움켜쥐었던 두 주먹을 슬그머니 폈다. 잠깐이지만 있는 힘껏 쥐었던 손마디가 뻐근하다. 말싸움도 제대로 못하는 내가 온몸으로 부딪치려 했던 내 안 어디쯤이 자식 앞에 설레발치는 까치의 속성을 조금 닮았었나 보다.

내 순서는 몇 번째인가

— 입대

아침부터 부진부진 비는 내리고 마음이 허전하여 아무 일도 손에 잡히질 않았습니다. 거실에 있는 소파에 앉아서 하염없이 창밖만 바라보았습니다. 설거지를 하는데 씻어야 할 그릇이 너무 적은 거예요.

'아참, 어제 작은아이가 입대했지.'

한 사람 비었는데 자질구레한 일에서도 금방 표가 나다 보니, 설거지 거리가 줄어든 것도 말할 수 없이 서럽더군요.

하필이면 아들이 입대하는 날부터 몹시 덥기 시작하여 마음이 가볍질 않습니다. 훈련소가 있는 공주까지 차를 태워다 주고 돌아올 때는 곧장 집으로 오지 못하고 이곳저곳을 돌아다니다 저녁때가 다 되어서야 들어왔습니다. 아이가 없는 집에 빨리 오고 싶지가 않았던 것이지요.

그 애 방에 환하게 불을 밝히고 책상 앞에 앉아도 보고 침대에 누워보기도 합니다. 어쩐지 방안에 있는 어느 것 하나도 옮기고 싶지 않아서, 책상 위에 펼쳐져 있는 책도 그대로 놓아두고 밖으로 나왔습니다. 평소 아이들에게 곰살궂게 대하지 못한 일들이 마음을 아프게 합니다. 좀 더 잘 해줄 것을. '있을 때 잘 해!'라는 유행어가 새삼 실감이 나는군요.

—백일 휴가

어느새 나뭇잎이 고운 빛으로 물들기 시작한 강촌으로 가을맞이를 갔습니다. 울긋불긋 예쁜 산세에 둘러싸여 다소곳한 강가를 내려다보며 농익은 들판을 바라보았습니다. 산과 강과 논둑의 풀포기까지 서로 잘 어우러지는 계절, 벌써 수십 년째의 가을을 만나지만 가을이란 계절은 만날 때마다 참 새롭습니다. 이렇게 편안하게 가을 풍경을 즐길 수 있는 것도 다 아들 덕분이에요.

10월 5일에 아들이 백일 휴가를 나왔거든요. 입대한 지 꼭 100일째 되는 날이었지요. 가까운 집을 지나쳐서 서울역 근처에 있는 제 아버지의 사무실로 먼저 가서, 아버지부터 만난 뒤에 집으로 왔다고 하더군요. 엄마는 그때부터 순위에서 밀리기 시작합니다. 친구며 학교며 기타 등등 앞자리 순서가 즐비한 모양이지요. 집에서 달랑 아침 한 끼 먹고 나가면 밤이 늦어서야 들어오곤 합니다.

오늘 점심까지 제 누나와 함께 하기로 했다니 엄마인 나는 열 손가락 안에는 들어가지도 못하나 봐요. 4박 5일, 오늘 오후에 귀대한다네요. 제 누나와 함께 점심 식사를 한 후에 잠깐 집에 들렀다 간다니 그때나 되어야 엄마 차지가 되려나 봅니다. 몇 시간도 아니고 대체 몇 분 정도나 함께 보낼 수 있을는지요.

은근슬쩍 부아가 나려고 하네요. 하지만 어쩌겠어요. 그만큼 아들을 사랑하기 때문에 그런 마음도 드는 것 아니겠어요. 또, 달리 생각하면 열 손가락 안에 들지 못하는 것도 실은 아들이 나를 그만큼 믿기 때문에 다른 사람들에 대한 배려를 먼저 한 것이 아닐까 싶기도 하니까요. 엄마잖아요. 나는. 그렇게 생각하니 싱긋 웃음이 납니다. 부모에게 자식이란 영원한 짝사랑의 대상인지도 모릅니다.

—장병 휴게소

설이 지나고 얼마 되지 않아서 처음으로 일등병인 아들 면회를 갔습니다. 규칙적인 군 생활에 어느 정도 적응이 되었는지 얼굴에 살도 오르고 몸도 실해진 것 같습니다. 외출 허가를 받아 함께 밖으로 나오고 싶었는데 본인이 마다해서 부대 안의 장병 휴게소에서 같이 시간을 보냈습니다.

회관 안에 있는 식당에는 오리고기를 비롯하여 삼겹살 등 제법 다양한 메뉴들이 있었습니다. 아들 같은 취사병들이 음식을 날라다 줍니다. 우리는 삼겹살을 주문했습니다. 고기는 물론 밑반찬도 제법 맛이 좋았어요. 꽤 넓은 공간에 빈자리가 없을 정도로 사람들이 많았습니다. 가족이나 연인들이 찾아와 그들먹한 식당의 분위기가 조금 들떠 있는 듯합니다.

어느 가족인가 집에서 준비해 온 만두를 보면서 음식을 나르던 장병 하나가 "아, 나도 울 엄마가 만든 만두 먹고 싶다."고 동료에게 하는 말을 들으니, 만두를 가져가지 않은 게 공연히 미안하게 생각되기도 하였습니다. 그랬더라면 나누어 먹을 수 있었을 텐데요. 사회에서는 대수롭지 않은 것도 군대에서는 그 느낌이 사뭇 다른가 봐요.

식당 아래층에는 매점 겸 작은 휴게소가 있습니다. 그곳에는 신세대 장병이 좋아하는 피자와 햄버거를 비롯하여 각종 음료와 간식거리가 판매되고 있었습니다. 아마 옛날에 군 생활을 경험한 사람들은 세상 참 좋아졌다고 할지도 모르겠네요.

점심식사를 마친 뒤 아들과 둘이서 회관 건물 마당에 있는 포장마차에 갔습니다. 그곳도 모두 군인들이 서빙을 하고 있었습니다.

우리는 난로 가까이에 앉아 떡볶이와 순대를 시켜 놓고 시원한 어묵 국물도 마시며 많은 이야기를 나누었습니다. 평소에 아들과 그렇게 오랜 시간 이야기를 한 적이 있었던가 하는 생각이 들었습니다. 포장마차 안에서 아들은 마치 부대 밖으로 나오기라도 한 것처럼 편안해 보였습니다. 먹기 위해서 간 사람처럼 군인인 아들보다 더 많이 먹고 더 많이 말하고 그렇게 서너 시간을 함께 있다가 왔습니다. 아들과 함께한 시간이 호강스러웠다는 생각이 듭니다.

—예비군 아들

말년 휴가를 위해 외박도 안 쓰고 아끼더니 한꺼번에 다 찾아 쓰고, 귀대한 지 하루 만에 아들이 군에서 제대를 하고 귀가했습니다. 모자에 예비군 표지를 붙이고 들어서는 아이를 올려다보며 어미보다 더 어른스럽다는 느낌이 들었습니다. 오랜만에 두 팔로 안아보니 품으로 그득하더군요. 아들의 가슴에 얼굴을 묻고 현관에서 한참을 그렇게 서 있었습니다. 어딘가에 숨어 있었던 가슴 속의 차가운 응어리가 한꺼번에 풀어져 온몸이 따뜻해지는 것 같았습니다.

26개월, 당사자들은 숫자상으로 더 많은 느낌이 들어 2년 2개월이라 부른다지요. 어떤 사람은 '시간이 남의 아들 군대 갔다 온 것처럼 빠르다.'고 하더군요. 그러나 어미인 나에게도 결코 짧지 않은 기간이었는데 정작 당사자는 얼마나 긴 시간이었을까요. 별 탈 없이 잘 끝내고 돌아왔다는 일 자체에 그저 다행스럽고 모두에게 고맙다는 생각만 듭니다. 그동안 어렵고 고생스러웠던 시간이 밑거름되어 앞으로 살아가는 데 커다란 힘이 되어줄 것이라 믿습니다.

아들아 반갑네!

힘든 시간을 이겨내고 새로운 모습으로 돌아온 아들을 보니 정말로 내 순서가 열 번째로 밀려난다 하여도 좋기만 합니다. 엄마에게는 벌써 믿음직한 예비군으로 자리하고 있으니까요. 든든한 버팀목 하나 세운 것 같습니다.

밤 아홉 시의 약속

초등학교 시절, 우리가 배우던 사회 교과서에는 둥그런 밥상을 가운데 두고, 한 가족이 정답게 둘러앉은 그림이 실려 있었다. 할아버지와 할머니, 부모와 세 자녀, 그렇게 일곱 식구가 다복한 모습으로 그려진 것은 그 무렵의 바람직한 가족 형태를 표현한 듯하다. 나는 가족이 함께 둘러앉아 밥을 먹는 장면을 떠올려 볼 때마다 가슴이 봄 햇살처럼 편안하고 따뜻해진다.

가족의 중요함은 시대가 달라져도 변할 수 없어서일까. 큰아이가 초등학교 1학년 때 치른 사회 시험에도 그에 관한 문제가 있었다. 온 가족이 모여 함께 밥을 먹을 때는 언제인가 하는 질문에 딸아이는 '아침'이라고 답을 써냈다가, 틀렸다는 표시로 빨간 작대기가 그어진 시험지를 돌려받았다. 정답은 저녁이란다.

왜 아침이라고 답을 썼느냐는 나의 우문에 아이가 현답을 하였다.

"우리 집은 아침만 다 같이 먹잖아요."

당시 만학도(晩學徒)였던 애들 아버지가 직장과 학교에 다니느라, 온 가족이 모여 함께 저녁밥을 먹을 기회가 드물었기 때문이다. 평일보다는 조금 나은 편이었지만, 주말이라고 해서 형편이 크게 다르지는 않았다. 어른들은 늘 이런저런 일로 바빠했으니 아이들은 아빠나 엄마와 함께 보내는 시간이 많지 않아서 아쉬움이 컸을 것이다.

거꾸로 생각하면, 세월이 흐른 뒤에는 부모와 자식 간의 입장이 바뀌게 된다. 부모가 나이 들어서 힘이 없고 약해질 때쯤이면, 자식들은 한창 바쁜 지금의 부모 모습과 닮아 있지 않겠는가. 그때가 되면 자주 찾아오지도, 느긋하게 이야기를 들어주지도 못하는 아이들이 오매불망 그리워도 크게 서운해 하지는 말아야 할 것 같다. 안타까운 일이지만 미리미리 아이들과 더 많은 시간을 보냈더라면 좋았을 것을.

작은아이까지 대학생이 되자 활동하는 시간대가 서로 달라서, 모처럼 가족끼리 외식이라도 한번 하려면 몇 번씩이나 시간을 맞춰보아야 했다. 이러다가는 잠깐씩 얼굴을 마주하는 시간조차 금세 닳아 없어질 것만 같았다. 네 식구가 의논한 끝에 한 달에 한 번씩 정기적으로 만나되 돌아가며 밥을 내기로 약속을 하였다. 집에서 밥을 하거나 라면을 끓이든지 아니면 나가서 외식을 해도 좋으니, 각자 형편대로 대접하기로 하고 우리들만의 특별한 가족 만남을 시작하였다.

제 차례가 되어 아이들이 서툰 솜씨로 만들어 내는 냉면이나, 아껴둔 용돈을 털어서 사주던 도토리 칼국수를 먹을 때는 세상 무엇보다 맛있는 시간이었다. 그럴 때마다 아이들도 저희 나름으로 뿌듯하고 흐뭇함을 느끼는 것 같았다. 되돌아보니 그때 함께 웃고 많은 이야기를 나누었던 시간이 참으로 애틋하다.

몇 년이 지나 어느 사이에 딸아이가 시집을 가고, 작은아이도 직장인이 되어 회사의 사택으로 거처를 옮겼다. 게다가 우리 부부는, 남편의 직장을 따라 서울에서 대전으로 이사를 왔다. 서로 사는 곳이 달라지고 거리도 멀어진 것이다.

전처럼 한 달에 한 번 만나자던 약속은 여러 가지 사정에 의해 꼬박꼬박 지키지는 못하지만, 나만의 한 가지 약속은 여전히 진행형이다. 바로 밤 아홉 시 정각의 약속이다. 밤 아홉 시만 되면 어김없이 내 휴대 전화기에서 알람 소리가 울린다. 매일 같은 시각에 어느 곳에서든지 울리는 밤 아홉 시의 알람 소리. 이 소리가 울리면 나의 오른손은 저절로 가슴에 십자성호를 긋는다. 아무 생각 없이 반사적으로 할 때도 있고, 잠시 묵상에 잠길 때도 있지만, 매일 밤 그 알람 소리에 내 오른손이 반응하는 것은 이제 지극히 일상적인 일이다.

오래 전, 성당에 새 신부님이 오시면서 신자들과 한 가지 약속을 하셨다.

"저녁 아홉 시가 되면 여러분은 성호만 그리세요. 기도는 제가 하겠습니다. 가족을 생각하고, 이웃과 나라를 생각할 수 있다면 더 좋겠지요. 그러나 그냥 성호만 긋더라도 괜찮습니다. 제가 여러분을 위하여 기도하겠습니다."

그날 이후 내 휴대 전화기에는 밤 아홉 시 정각에 알람이 설정되고, 이 전화기는 같은 시각에 하루도 거르지 않고 날 불러내어 가족에 대한 생각을 일구어 준다. 같은 시간에 잠깐이라도 서로의 얼굴을 떠올릴 수 있도록 다 같이 알람 설정을 하자고는 했지만, 그들도 나처럼 밤 아홉 시에 그 소리를 듣는지는 알지 못한다.

함께 있지 못해도 동시에 "반짝!" 머릿속으로 스치기만 해도 서로를 밝히는 빛이 되어 살아가는 데 힘을 보태는 디딤돌이 될 것 같다.

조용한 부부

"두 분은 생전 부부싸움 안 하시지요?"

남편과 함께 들른 동네 슈퍼마켓에서 내가 살 물건을 계산하며 안주인이 물었다.

"아이고, 우리는 사흘돌이로 싸워요."라는 나의 대답에 그 자리에 있던 사람들이 모두 와하하 웃었다. 어찌 된 일인지 우리 부부가 싸우지 않을 것 같다는 얘기를 종종 듣는다. 시집에 내려가면 일가 되는 사람도 그런 말을 하고 더러 남편 친구의 부인들 중에도 그렇게 묻는 사람이 있다. 생전에 친정어머니께서도 그러셨다. 아마 우리 둘 다 말수가 적어서 그런가 보다.

가끔 텔레비전 드라마 같은 데서 조그만 여자가 남편에게 '다다

다다' 쏘아붙이는 장면을 보면 그렇게 귀여울 수가 없다. 꼭 귀여운 여자여서가 아니라, 약간 푼수 끼 있는 역할일 때도 종알종알 바가지 긁는 모습이 내게는 똑같이 귀엽게만 보인다. 어쩌면 저렇게 말도 잘할까.

말을 잘하면 천 냥 빚도 갚는다는데 나는 결정적일 때 곧잘 말이 막힌다. 남편과의 사이에서 특히 더 그렇다. 부부간에 다툴 일이라도 생기면 영락없이 말문이 막혀서 한마디도 제대로 하지 못하는 것이다. 다홍치마 입었을 때 잘 했어야 되는데 하고 때늦게 무릎을 쳐보았자 소용에 닿을 리 없다. 이미 돌이킬 수 없이 긴 세월을 길들여져 왔다.

오빠나 언니들과 나이 차이가 크다보니 어려서부터 부대낌 없이 자라선지 사람과의 관계에서 힘이 드는 것을 못 견뎌하는 버릇이 있다. 피할 수 없으면 수용해버려야 마음이 편한 것이다. 결혼 초에는 남편이 비끗한 소리만 해도 왜 그리 서럽던지 눈물이 쏟아져 말을 할 수가 없었다. 그러다 시동생과 함께 살게 되니 언짢은 일이 생기더라도 행여 시동생이 불편해 할까봐 말조심, 표정 조심에 여간 신경이 쓰이는 게 아니었다. 그렇게 시간이 지나자 이번에는 아이들이 말귀를 알아듣기 시작하면서 시원하게 싸워볼 기회조차 없게 되었다. 말하자면 생산적인 부부싸움의 훈련이 안 된 것이다.

게다가 매사 꼼꼼하고 빈틈없는 남편에 비하면 나는 반 덜렁이 쪽에 가까워 일상에서 작은 실수가 잦은 편이다. 물건을 어디다 두었는지 얼른 기억해 내지 못해서 온 집안을 뒤지는 일도 많다. 그런 나를 보며 찾는 게 참 용하다고 어이없어 하는 남편이니 날 두고 물가에 아이 놔둔 것 같다는 말이 거짓은 아닐 터였다. 어느 날 남편이 자동차 창유리 올리는 것을 잊고 들어왔을 때는 오히려 고소하기까지 하였다.

부부싸움이란 게 꼭 큰 문제가 있을 때만 하는 것은 아닐 것이다. 살면서 일어나는 소소한 일이나 한마디의 말 때문에 오는 순간적인 갈등이 오히려 쉽게 풀리지 않을 때가 더 많다. 작은 일들이다 보니 지나고 보면 아무것도 아닌 것 같은데, 그 당시에는 적절한 해명이나 변명을 하지 못해서 답답한 적이 많았다. 남편은 돌아서면 금방 잊어버리는데 나는 여러 날이 지나도록 약이 올라 있곤 한다. 그것은 시간이 좀 지나서야 내가 했어야 할 말들이 생각나기 때문이다. 그제야 "당신 그때…!" 하고 뒷북을 쳐봤자 이미 유효기간이 지나버린 뒤다. 남편은 내가 화가 나 있다는 사실조차도 모르기 십상이다.

다음에 그와 같은 일이 또 벌어지면 이렇게 저렇게 해야겠다고 미리 궁리를 하면서 아예 거울을 보고 연습까지 해본다. 그런 때는 두뇌회전도 빨라져 할 말이 시원시원 잘도 생각난다. 남편이 저렇게 말하면 나는 이렇게 해야지. 그 말에는 저 말을, 저 말에는 이 말을. 그러나 상황은 곧잘 예상을 벗어나는 곳에서 벌어지게 마련이어서 나의 그런 노력은 언제나 허사가 되어버리곤 한다.

결혼 6년 차가 되던 해였다. 무슨 일 때문인지는 잊었지만, 그때에도 나는 연습을 많이 했던지 애먼 소리 한마디 하기만 해보라고 벼르고 있던 참이었다. 이제는 나도 저 귀여운 여자들처럼 내 할 말을 속사포처럼 쏟아낼 거라는 황홀한 상상으로 반전을 꿈꾸고 있었다. 그때는 만학이었던 남편이 직장에서 퇴근한 후에 대학에서 공부를 할 때였다.

그날도 힘들게 고생하는 남편에게 조금이라도 더 맛있는 밥을 해주려고 귀가하기 10분 전에 불만 켜면 밥이 될 수 있도록 모든 준비를 마치고 기다렸다. 밤늦게 그가 돌아오자 갓 지은 밥을 푸려고 압력솥을 열자 하얗게 불은 생쌀이 천연덕스럽게 나타났다. 밥솥에 불 켜는 것을 그만 깜빡 잊었던 것이다. 남편은 배고픈 것을 유난히 참지 못하는 사람이었다. 미안함으로 머릿속이 휘청했다. '황홀한 상상'은 당연히 물 건너가 버릴 수밖에 없었다.

얼마 전에 또 그 비슷한 일이 일어났다. 뭔가 풀지 못한 앙금으로 이번에는 한 번 제대로 맞서보려 기회를 엿보던 중이었다. 그날 우리 부부는 책상 앞에 나란히 앉아 인터넷에서 무엇인가를 찾아보고 있었다. 그런데 어쩌자고 나는 속도 없이 갑자기 남편에게 강한 친밀감이 들었다. 나도 모르게 그에게 좀 더 가까이 다가가려고 앉은 채로 의자를 조금씩 밀다가 깜짝 놀라서 벌떡 일어났다. 내가 앉았던 의자 바퀴에 남편의 엄지발가락이 짓눌려버린 것이다. 당황한 나는 "어머나, 미안해요!" 한마디만 던지고 후다닥 방 밖으로 뛰쳐나갔다. 아파서 어쩔 줄 모르는 그의 얼굴을 도저히 마주볼 수가 없었기 때문이다. 투정어린 종알거림으로 어리광 좀 부리고 싶었던 반전의 꿈은 그날도 그렇게 물거품이 되고 말았다.

요즘에 와서는 그때 그렇게 끝나서 다행이라는 생각이다. 내 속 시원하자고 연습했던 말 다 퍼부었더라면 상황은 엉뚱하게 악화되었을 것이다. 그것은 검은 머리가 파뿌리 되도록 살아가는데 머리카락 한 올만큼도 도움이 되지 못했을 성싶다. 그렇다고 내가 영 말을 못하고 사는 것도 아니다. 다만 맛깔나게 할 줄을 몰라서 그렇지, 남편의 말에 의하면 내가 하고 싶은 얘기는 신혼 초부터 다하고 산다는 것이다.

그러고 보니 그동안 내가 잘 참아서 조용한 부부인 줄 알았더니 그게 아니었나 보다.

유행가를 만나다

벨 소리가 들린다. 대전에서 홀로 직장 생활을 하고 있는 남편에게서 걸려온 전화다. 기분 좋은 듯이 들려오는 목소리에 약간의 술기운이 묻어 있다. 회식이라도 있었나 보다. 소소한 일상의 이야기 너머로 노랫소리가 겹쳐 들린다. TV 소리다. 월요일 밤이면 흘러간 가요를 들을 수 있는 프로그램으로, 평소에도 노래를 좋아하는 그는 이 프로의 열렬한 시청자이다. 이야기를 하다 말고 전화기 저쪽의 남편과 내가 동시에 노래를 따라 부른다.

"쉬지 말고 쉬지를 말고/ 달빛에 길을 물어// 꿈에 어리는 꿈에 어리는/ 항구 찾아 가거라."

내가 유행가를 처음으로 접했던 것은 겨우 한글을 깨쳤을 무렵이니, 아마도 초등학교 1학년쯤 되었겠다. 동네 청년들과 어울려 4H 운동에 열성적이던 십 대 후반의 오빠가 어느 날 두툼한 노래책과 기타를 들고 왔다. 처음 보는 물건이라 신기해서 만져보려는 나에게 손도 대지 못하도록 매정하게 굴면서, 오빠는 서투른 솜씨로 열심히 기타 줄을 퉁겨 댔다. 〈타향살이〉라는 노래였는데, 첫 번째 소절만 수십 번도 더 치는 것 같았다. 똑같은 멜로디를 몇 번이나 되풀이하면서 질리지도 않는지, 오랜 시간을 기타 삼매경에 빠진 오빠 옆에서, 나는 도대체 무슨 뜻인지 알 수 없는 노랫말과 악보가 그려진 책장만 넘겼다.

이튿날 아침, 나는 부모님의 두런거리는 소리에 눈을 떴다. 어쩌면 잠꼬대 같은 제 말에 놀라서 진작 잠이 깨어 있었는지 모르겠다.

"원통해서 못 살겠네, 원통해서 못 살겠네."

느닷없이 아이의 입에서 튀어나온 저 뚱딴지같은 소리는 무어란 말인가. 어머니와 아버지의 목소리에 근심이 잔뜩 묻어 있다.

"대체 이게 무슨 말이여!"

"글쎄유. 원, 당최 무슨 소린지…."

아침 밥상머리에서 어머니는 나에게 학교에서 무슨 일이 있었느냐며 조심스레 입을 여셨다. 아무 일도 없었다는 내 말에, 그러면 왜 원통해서 못 살겠다고 잠꼬대를 했을까 의아해 하셨다. 그때, 같이 밥을 먹던 오빠가 얼굴이 시뻘게지면서 "너 이제, 그 노래책 그만 봐!" 하고 볼멘소리를 했다. 그제야 나는 그 말을 노래책에서 보았다는 생각이 났다. 원통하다는 게 무엇인지 뜻도 모르는 채, 마치 해서는 안 될 말이라도 한 것 같아서 주눅이 들었다.

노래를 들어본 적도 없고 알려고 하지도 않았건만, 〈원통해서 못 살겠네〉라는 제목이 기억 속에 남아 있는 것은 나에게는 그 말이 어렸을 때 금기어로 강렬하게 각인된 때문일 것이다. 얼마 전에 나는 우연히 이 노래를 들을 수가 있었다. 1957년에 발표되었다는 아주 오래된 유행가다. 사랑이 짓밟혀져서 땅을 쳐도 못 살 만큼의 애통함을 절절히 그리고 있다. 그런데 나는 왜 이 노래가 시어머니의 시집살이 때문에 원통해서 못 살겠다는 며느리의 하소연쯤으로 기억하고 있을까. 지금도 마찬가지겠지만, 아마도 그 무렵에 라디오 드라마나 동네 안에서도 고부간의 갈등으로 큰 소리가 나는 일이 종종 있어왔던 까닭인 듯하다.

가요의 노랫말이 대부분 그 시대와 사람살이에 초점이 맞춰져 있어서 때로는 구성지게, 때로는 달콤하게, 마치 자신의 처지를 대변하는 것처럼 심금을 울린다. 같은 노래라도 계절이나 날씨, 듣는 이의 기분에 따라 가슴속에 다양한 빛깔의 물무늬를 그려내는 것이다. 황금빛 수선화가 무더기로 피어나듯 벅차오르는 사랑의 기쁨을 노래하고, 흑장미의 꽃잎처럼 핏빛 슬픔이 뚝뚝 떨어지는 이별의 아픔도 있다. 그런가 하면 듣기만 해도 깊이 숨겨진 감정의 굴곡까지 끄집어내어 시나브로 치유되게 하는 힘을 갖고 있다.

대중가요에는 그야말로 인생의 영원한 숙제이자 주제가 되는 사랑과 이별, 기쁨과 슬픔, 그리고 눈물이라는 요소가 고스란히 녹아 있다. 그래서인지 유행가가 좋아지기 시작하면 비로소 인생의 참맛을 알 때가 온 것이라 말하는 이도 있다.

나이 탓일까. 언젠가부터 나도 대중가요가 은근히 좋다. 클래식은 물론, 한때 푹 빠져서 즐기던 발라드나 포크 송도 여전히 좋지만, 그래도 성인가요라고 하는 트로트, 특히 오래 묵혀 군내 없이 잘 숙성된 장맛처럼 구수하고 깊은 맛이 나는 향수 어린 노래가 더 마음에 와 닿는다. 더러는 내가 태어나기 전에 불리던 노래까지도 귀에 익숙해져 있다. 라디오나 텔레비전에서 아는 노래가 흘러나오면 흥얼흥얼 따라 부르기도 한다. 어느 결에 나도 인생의 한 자락이나마 엿볼 수 있을 만큼 살아왔다는 것인가.

남편과의 통화가 끝나고 나는 잠시 생각에 잠긴다. 유쾌하게 들리던 그의 노랫소리에 한 가닥 외로움이 실려 있음을 눈치 채고는 가슴이 뭉클하다. 이제는 정말 우리가 살림을 합칠 때가 된 것 같다. 나 또한 7년여를 주말부부로 지내다 보니 늘 땅 위로 한 자쯤 부웅 떠서 사는 기분이었다.

'그래! 이참에 내려가자.'

그동안 아이들이 다 자랐다고는 해도 그들만 남겨두는 일이 왠지 못미덥기만 했었다. 어떻게 할까 미적거리던 일을 결단하고 나니 무거운 돌 하나를 내려놓은 듯이 마음이 편안해진다. 방금 전에 그와 함께 불렀던 노랫말처럼 "꽃 잡고 길을 물어" 아늑한 항구에서 평온히 정박해야 할 때가 되었나 보다.

다인 병실

어느새 가을 초입에 들어섰다. 늘 건강이 최고라고 말은 쉽게 잘 하지만 제 몸 챙기는 일에 둔해 생각지 않은 병치레를 하느라 여러 날을 보냈다.

여행을 갔으면 이것저것 버리고 와야 하는데 나는 오히려 반갑지 않은 놈들을 한 보따리 끌고 와서 떨쳐내느라 고생이다. 친구들과 중국 여행을 다녀온 뒤 고열과 장염으로 동네 병원을 찾았으나 낫기는커녕 점점 더 견디기가 힘들어졌다. 근 일주일을 금식하며 이온음료만 마시라는 의사의 처방대로 지내다 급기야는 심한 탈수 증상까지 오고야 만 것이다.

종합병원에 입원 수속을 밟아 놓고도 하루를 더 집에서 기다린 뒤에야 병실에 들어갈 수 있었다. 여섯 명이 함께 쓰는 다인 병실이다. 큰 병원에서도 금식은 여전했지만 대신 링거를 계속 맞아서 그런지 견딜 만하였다.

아침마다 수시로 각종 검사와 혈액 채취를 해 가는 젊은 의사들, 주치의는 아침 회진 때 와서 얼굴 한 번 보여주고 수행한 의사들에게 설명을 듣기만 한다. 닷새를 입원해 있는 동안 주치의가 내게 직접 행한 일이라고는 어깨 한 번 두드려 준 게 전부다.

병실 입구에 자리한 내 자리에서 대각선으로 놓여 있는 침대에는 할머니가 한 분 누워 계셨다. 침대에 비스듬히 앉아서 건너다 보면 누워 계신 옆모습이 내 어머니의 마지막 무렵과 흡사해서 깜짝 놀라곤 하였다. 하루는 궁금증을 참을 수 없어 링거 병을 달고 그분이 누워 계신 곳으로 살살 다가갔다.

가까이 가서 뵈니 내 어머니와는 전혀 다른 모습이었는데 떨어진 곳에서는 어찌 그리 비슷해 보였는지. 팔순쯤 되어 보이는 연배에 짧은 백발과 바짝 여윈 얼굴이 닮아보이게 했나 보다. 슬쩍 할머니의 손을 잡아 본다. 앙상한 손이 어머니의 그것과 흡사하다. 할머니는 여전히 눈을 감으신 채 표정 변화가 없었지만 잡은 손에 미약한 힘이 전해져 왔다.

맞은편에 자리한 사람은 그 방에서 가장 젊어 보였는데 밤늦도록 열이 나는지 잠을 잘 이루지 못하는 듯하다. 누워 있다가도 수시로 벌떡 일어나 한숨을 내쉬며 가슴을 치곤 하였는데, 간병인의 얘기로는 남편이 여자 문제로 너무 속을 썩여서 그렇다고 한다. 병실에 있던 환자와 보호자가 모두 혀를 찼다. 공연히 내 가슴도 답답해졌다.

내 바로 옆 침대의 환자는 딸이 많은 듯 두세 명의 딸이 함께 돌보았다. 그 병실에서 가장 활기 있고 밝은 가족이다. 하루는 우리 아들이 와 있는 것을 보고 그들 모녀가 나누는 얘기에 속으로 깜짝 놀랐다. 어머니 되는 환자가 우리 아들을 착하다고 칭찬하니 그 집 딸이 "그러니까 엄마, 요즘은 아들도 잘 키우면 좋다니까." 하는 것이었다. 우리 정서로는 아직도 아들에게 기대는 비중이 더 크지 않을까 싶은데, 내가 세상 변화에 너무 둔감했던 것 같다.

병실에 있는 동안 금식을 해야 했던 나는 아예 벽 쪽으로 돌아누워 있을 때가 많았다. 다른 환자와 보호자들이 음식을 먹을 때 불편할까 봐 눈을 감고 자는 척하기도 하였다. 웅성웅성 하는 소리에 설핏 들었던 잠이 깨었는데 옆에서 맛있는 냄새가 진동을 한다. 먹고 싶은 생각은 전혀 없었는데도 진한 고추장 양념 돼지고기 냄새가 얼마나 나를 행복하게 했는지 모른다. 냄새만으로도 포만감을 느껴보기는 처음이다. 돼지고기가 아니라 아마도 그건 양념한 튀김 닭이었을 것이다.

미음부터 죽 먹을 때까지는 몰랐는데 밥을 먹기 시작하면서 살

맛이 났다. 평소에도 워낙 밥을 좋아해서 그런가 보다. 조금씩 기운이 돌자, 매일 와서 들여다보기만 하지 아무것도 안 하는 것 같은 젊은 의사에게 도대체 내가 왜 그런지 따지듯 물었다. 그 친구가 우문에 현답을 해 주었다.

"에이, 어머니 심보가 나빠서 그래요. 다른 사람 다 괜찮은데 왜 어머니만 그러시겠어요!"

단체로 중국 여행을 갔다 온 뒤부터 시작되었다는 나의 증세를 문진 때 이미 들었기 때문이겠지만, 그 젊은 의사의 말에 모처럼 큰 소리로 웃을 수 있었다. 아마 속내에는 아니라고 강하게 말할 자신이 없었는지도 모르겠다. 나중에 들은 이야기지만 같이 여행을 갔던 사람 중에는 심보 나쁜 사람(?) 몇이 더 있어 그들도 병원 치료를 받았다고 한다.

길지 않은 기간이었지만 6인 병실에 있으면서 만났던 아픈 사람과 그렇지 않은 사람들을 보며, 행복의 지름길은 욕심을 버리는 것이라는 생각이 들었다. 링거액으로 속은 많이 씻어냈는데 마음까지 닦여졌는지는 더 두고 봐야 알 일이다.

퇴원 후 며칠 동안은 기초 열량만으로 지탱하고 있어서인지 온몸이 나른했다. 그래도 아픈 동안 자신을 돌아보게 된 일은 다행이다. 살아온 날들이 큰일 없이 그저 그만하기만 해도 고마운 일 아닌가.

오늘은 마치 한 걸음씩 세상을 향해 걸음마를 시작하는 어린아이처럼 조심스럽게 발을 떼어 본다. 그렇게 다시 일상을 시작하는 거다. 통원 치료차 들렀던 병원에서 나오다가 길에 펴놓은 노점상에게 호박잎 한 단, 가지 한 무더기, 고춧잎 한 바구니, 그리고 그 옆에 세워 놓은 작은 꽃 트럭에서 철 이른 노랑 소국 한 다발을 사들고 왔다.

마침 줄기차게 내리던 비도 잠시 긋고 거리에는 갑자기 움직이는 사람들이 많아졌다. 올망졸망하게 내 손에 들린 검정색 비닐봉지들과 국화꽃 한 아름, 그리고 접은 우산까지 모두 우리 살아감의 상징인 것 같아 내딛는 발걸음에 탄력이 붙는다.

소금
반 가마니

초겨울에 들어서면서 비가 잦아졌다. 비가 한차례 지나갈 때마다 기온이 뚝뚝 떨어진다. 예나 지금이나 겨울 초입이면 늘 마음이 조금씩 급해진다. 한 해 끄트머리에서 마무리해야 할 일이 많기 때문이다. 그중에서도 중요하고 시기를 놓쳐서는 안 되는 일이 있다. 농촌에서는 가을걷이를 끝내야 하고 집집마다 김장도 담가야 한다. 김장이 반양식이라던 예전과 달리 지금은 김장을 많이 하지는 않는다. 절임배추를 사다가 양념 속만 넣거나, 아예 담가 놓은 김치를 주문해 먹는 집도 많다. 그래도 무시하고 지나갈 수 없는 게 김장김치임은 예나 지금이나 다르지 않은 것 같다. 주부들에게는 연례적인 큰 행사이자 피할 수 없는 과제이다.

서툰 농부가, 심는 시기를 놓치고 늦게 심은 까닭에 주말농장에서 가꾼 배추가 미처 다 자라지를 못했다. 반으로 쪼개면 한 끼에 먹기 좋을 만큼 자그마한 꼬맹이 배추일망정 개나리 꽃잎처럼 샛노란 속을 품고 있다. 꽃보다 더 예쁘고 사랑스럽다. 한 잎 뚝 떼어서 입에 넣어본다. 맵싸하고 알싸함 속에서 달금하고 고소한 맛이 배어난다. 그래도 이만하면 성공이라고, 잘 키웠다고 스스로 대견해 한다. 간수를 빼낸 천일염을 배추에 골고루 뿌려가며 절이기 시작했다. 하얗고 보송보송하게 각이 진 소금 알갱이들을 보니 문득 어렸을 때의 웃지 못 할 장면 한 토막이 떠오른다.

그해 겨울은 온 동네 밥상머리에 비상이 걸렸다. 집집마다 밥을 먹다가 으지직으지직, 뭔가를 깨무는 소리가 심심치 않게 들렸다. 우리 집도 예외가 아니었다. 처음에는 쌀을 잘못 일어서 돌이 들어갔다고 생각했지만 그게 아니었다. 배추 백 포기도 더 되는 김장김치가 문제였다. 어쩐 일인지 김치 속에 뭔가 작은 알갱이 같은 게 들어 있던 것이다.

김치가 전부 다 그런 것은 아니었지만 어쩌다 한 번이라도 이물질을 씹게 되면 누구라도 질색을 하였다. 김장은 겨울 양식이라는데 그 많은 김치를 버릴 수도, 다시 담글 수도 없는 노릇이었다. 어찌 되었건 겨우내 그 석연찮은 김치를 조심하고 또 조심해가며 먹을 수밖에 없었다. 식구들은 익숙해져서 요리조리 요령껏 김치 속을 발라내며 먹었지만, 손님이라도 오는 날이면 밥상머리에서 미리 김치에 대한 해명을 곁들여 자세히 설명을 해야만 했다.

그러던 어느 날 갑자기 형부가 다니러 왔다. 전화도 없던 시절이라 그때는 거의 모든 손님이 느닷없이 들이닥쳤다. 모처럼 새 사위가 왔으니 어른들은 반갑기도 하고 좀 허둥대기도 했을 것이다. 없는 반찬에 김치가 빠질 수는 없었을 테고, 집식구들은 익숙해진 김치 먹기에 이물질이 씹히는 일은 거의 없었기 때문인지, 새 사위에게는 김치에 대한 설명을 잊으셨던가 보다. 형부가 밥숟갈 위에 먹음직한 김치 한 조각을 척하니 걸쳐서 한입에 쑥 밀어 넣었다.

"에구머니나!"

어머니가 미처 말리기도 전에 형부는 와자작, 입 안에서 공사장 돌 깨지는 소리를 내며 밖으로 뛰쳐나갔다. 무안쩍어 어찌할 바를 모르는 어머니를 대신해 아버지께서 형부에게 돌김치에 대한 설명을 해주셨다.

"그게 말여, 거 아무개가 집집마다 소금을 반 짝씩 돌렸는디, 그게 션찮은 것인가벼. 그걸로 김장 속을 버무려서 온 동네 김치가 다 그렇다니께. 진작 말해줘야 하는 걸 깜빡했구먼."

변호사 아무개, 정당인 아무개 하는 사람들이 연말이면 한 장짜리 달력에다 본인의 사진과 함께, 오로지 국민만을 위해 살 것처럼 거창한 구호를 넣어 돌렸다. 안방 벽에 붙여 놓은 달력 속의 그들이 일 년 내내 빛바랜 얼굴로 우리와 함께 살았다. 그중의 한 사람이 염전을 가지고 있었는데, 그해는 집집마다 소금을 반 가마니씩 돌렸더란다. 소금 속에 개흙이나 간수가 뭉쳐진 작은 덩어리 같은 게 섞여 들어간 걸 모르고, 배춧속 버무리는 데 그대로 사용하는 바람에 집집마다 김장김치를 망친 것이다. 그래서였을까? 그 사람은 다음 국회의원 선거에서 떨어졌대나 어쨌대나.

이튿날 아침, 나는 알맞게 절여진 배추를 정성껏 씻었다. 배추의 하얀 속대가 인물 좋은 사람처럼 훤칠하다. 지난밤에 썰어 놓은 무채에다 빨간 고춧가루는 물론, 새우젓과 황석어젓 등의 갖가지 양념을 넣어 속을 무쳤다. 깨끗하게 씻어서 소쿠리에 건져 물기를 뺀 배추에 양념 속을 골고루 넣는다. 어른의 두 손을 모은 크기만큼 작은 배추도 속잎 한 장까지 아까워서 빠뜨리지 않고 챙겨서 함께 버무린다.

왠지 올 김장 김치는 유난히 맛깔스러울 것 같다. 직접 심고 가꾼 배추에 잡티 하나 없는 깨끗한 소금으로 절였으니까. 누구라도 집에 찾아온다면, 아니 우리 귀한 새 사위 내외나 새 며느리 내외가 느닷없이 찾아오더라도, 갓 지은 밥과 함께 김장김치 하나는 마음 놓고 상에 올릴 수 있겠다.

완행열차가 특급열차 따라잡기

'이제 마악 도착했습니다.'라고 시작되는 그의 첫 편지는 내가 받아 본 편지 중에서 가장 신선하고 깔끔했다. 그를 처음 보았을 때의 느낌 그대로다. 군더더기 없이 담백한 내용이 마음에 들었다. 우리들의 편지는 그렇게 작은 설렘과 두근거림으로 오고가기 시작했다.

때때로 편지는 만남보다 더 진하고 긴 여운을 남긴다. 편지를 쓰면서, 혹은 기다리면서 상대방에 대한 생각으로 꽉 차버려서 저도 모르게 마음이 온통 쏠리기 때문일까. 한 줄의 글이 마음에 안 들면 처음부터 다시 시작하고, 그렇게 밤이 늦도록 쓴 편지를 고치고 또 고치고 하는 일이 반복되었다. 편지를 보낸 다음 답장이 올 때까지 기다리는 시간이 마음에 쥐가 나도록 길게 느껴지곤 하였다.

집배원이 타고 오는 빨간 자전거는 멀리서도 한눈에 들어왔다. 저 빨간 자전거가 내 집에 들러 가기를 고대하며 청소해 놓은 마당을 한 번 더 빗자루로 쓸어낼 때도 있다. 자전거가 사립문 쪽으로 바퀴 자국도 선명하게 커다란 곡선을 그리고 간 날은 마음이 온통 여름 꽃밭처럼 환해졌다.

우연이었겠지만 그를 알게 된 지 얼마 안 되어 나는 그가 다니는 직장에 취직이 되었다. 근무지는 각각 경상도와 충청도로 뚝 떨어져 있었지만, 같은 계통에 있다는 사실 하나만으로도 서로에게 좀 더 가까이 다가갈 수 있는 결정적인 계기가 되었을 것이다. 생각지 않게 처음으로 그의 전화를 받던 날에는 놀라서 하마터면 전화기를 떨어뜨릴 뻔하였다. 직장 내 구간 전화로 너덧 번의 교환소를 거쳐 이어진 전화 속의 그가 몹시 낯설고 쑥스러웠다. 그러면서도 막연했던 한 사람의 실체가 확연하게 와 닿는 것을 느꼈다. 편지를 주고받는 동안 내 안에서 저절로 움튼 그리움이 막무가내로 자라고 있었던 것이다.

2년여를 편지만 왕래하다가 봄이 오는 길목에서 그를 다시 만났다. 김천은 두 사람이 만나기 좋은 중간 지점이었다. 그를 만나려면 이른 아침 통근열차를 타고 천안으로 가서 경부선 열차로 바꿔 타고 김천까지 가야했다. 그 사람은 경북 영주에서 열차를 타고 나보다 훨씬 먼저 김천역에 도착해 기다리다가 11시에 도착하는 나를 맞이하였다. 가까이에 있는 직지사로 가는 것이 우리들의 정해진 코스였다. 천안에서 집으로 오는 열차를 바꿔 타려면 김천에서 늦어도 오후 세 시에는 돌아오는 열차를 타야 한다. 그리고 한 시간쯤 뒤에나 그가 타고 가야 할 열차가 출발할 터였다.

두서너 달에 한 번, 그것도 불과 네 시간 정도 만났다 헤어져야 했다. 그러다 보니 불만이 있다가도 사라져 버리게 되고, 헤어지고 나면 다시 아쉬움과 애틋함만 남았다. 4년여 간 편지를 주고받을 수 있었던 것도 멀리 떨어져 있기 때문에 가능했을 것이다. 아마 가까이서 자주 만날 수 있었다면 이성에 대한 부담감이 더욱 크게 느껴져 처음부터 멀찌감치 달아났을지도 모른다.

일찍이 오빠는 내게 스무 살이 될 때까지는 남자친구를 사귀지 말라는 당부를 했었다. 무엇이든 외곬으로 빠지기 쉬운 나를 잘 알아서였던 것 같다. 그 말대로 갓 스물의 끝자락에서 만난 그에게 생각보다 깊숙하게 몰입해 가는 자신이 조금은 두렵기도 하였다. 혼자 생각하고 혼자 깊어진 감정의 불확실성이 날 안달하게 했던 것이다. 그 감정이 정확히 그를 대상으로 한 것인지, 아니면 내가 만든 허상에 빠진 것인지조차 자신이 없어져 불안하고 혼란스러웠다.

몇 해가 지나도 상대는 결혼에 대한 일언반구의 말이 없었다. 차츰 나는 언제까지나 기약 없는 기다림으로 힘들어 하고 싶지가 않았다. 하지만 내 마음을 돌이키기엔 한 사람에게만 향한 기울기가 지나치게 오랜 시간이었고 깊었다. 스물네 살의 방황은 막내딸을 어머니 회갑 전에 시집보내려는 부모님의 성화와 맞물려 점점 더 심해졌다. 그래서 '방관하는 새는 날아간다.'고 슬쩍 변죽을 울려보기도 했지만 그는 '완행열차는 특급열차에게 따라잡히는 법'이라며 꿈쩍도 하지 않았다.

결단을 내려야 했다. 마지막이라 생각하고 그에게 편지를 썼다. 나는 어떻게 해서라도 극복할 것이다. 내가 너를 잃는 것보다 당신이 나를 잃는 손실이 훨씬 더 클 것이라고 큰소리를 쳤다. 실제로 그때는 나보다 더 많이 그를 위해 줄 사람은 없을 것이라는 생각이기도 했었다. 편지를 보낸 뒤에 나는 잘 견뎌낼 수 있을 것이라고 열심히 자기최면을 걸었다. 그러나 마음은 끝 모를 곳으로 추락하는 듯 아득하고 도무지 일이 손에 잡히질 않았다.

사흘 뒤 한 통의 전보가 내 손에 들려졌다. 그가 아버님을 모시고 천안으로 오겠다는 내용이었다. 시월의 마지막 날에 부모님들의 상견례가 이뤄졌고, 며칠 뒤 사주단자(四柱單子)가 우편으로 보내져 왔다. 부모님들께서 만난 지 보름 뒤, 유난히 가을빛이 곱던 11월 15일에 드디어 우리는 결혼을 하였다. 그때 친구가 결혼 선물과 함께 보내온 편지는 이렇게 시작된다.

"결혼을 축하해. 첫사랑이 이루어지면 잘 산다더라."

나는 친구의 편지를 마치 우리 결혼생활의 보증서라도 되듯이 상자 안에 잘 보관하고 있다. 왠지 내가 거절할 것 같아 청혼을 할 수 없었다던 그가 나중에는 오히려 내게 노처녀 될 사람 하나 구해주었다고 놀리곤 하였다. 그런 그에게 나는 '선도 한 번 못 보고 시집왔다.'고 억울해하기도 하지만 완행열차처럼 느릿한 나의 첫사랑은 여전히 진행 중이다.

나의 숨어 있는 왼손

언젠가부터 우스갯소리로 남편이나 자식, 혹은 손자 자랑을 하려면 '돈을 내고 하라'고 했다. 그게 바뀌어 요즘은 '돈 줄 테니 제발 자랑질 좀 하지 말라'고 한단다. 그만큼 남의 자랑은 듣는 사람에게 별 흥미를 주지 못하는가 보다. 그래도 나를 비롯한 많은 사람들은 무심코 하는 얘기 속에서도 끊임없이 자랑을 쏟아 놓는다.

같은 말도 자기와 관계되면 자랑이고 남의 얘기일 때는 듣기 좋은 칭찬이 된다. 그러나 대부분은 "세상사람 다 취했어도 나 홀로 깨어 있고/ 세상사람 다 썩었어도 나 홀로 맑다"고 노래한 중국 초나라 때 시인 '굴원(屈原)이 제 몸 추듯 한다.'는, 혹은 그 말이

전이된 '구렁이 제 몸 추듯' 하는 제 자랑이 훨씬 쉽게 나온다.

어렸을 때 옆자리의 친구는 입만 열면 형제자매 자랑이었다. 자기의 공부 재능은 형제들이 나눠갔는지, 성적은 많이 떨어졌지만 참 순하고 말간 아이였다. 가만히 있어도 남들에게 사랑받을 만큼 두 볼이 사과처럼 발그레 하니 참 예쁜 친구였다. 그녀는 늘 "우리 언니는 공부를 되게 잘한다."거나, "내 동생은 공부를 정말 잘한다."고 입에 침이 말랐다. 게다가 중학교에 다니는 오빠는 공부뿐만 아니라 못하는 게 없단다. 그림이면 그림, 운동이면 운동, 그것도 달리기부터 농구나 축구 등 가지가지 종목을 다 잘한다는 것이다.

제 마음이 고와서 다른 이가 하는 일들이 모두 좋아 보이기만 했던 것일까. 지금도 어쩌다 한 번씩 만나면, 이제는 조카들까지 추가해서 여전히 친정 식구에 대한 맹목적 믿음을 드러낸다. 그러나 형제들에 비해 재능이 별로 없는 듯이 보이던 그 친구는, 지금 어떤 형제보다 더 안정되고 유복한 생활을 하고 있다. 남을 먼저 인정하고 욕심을 부리지 않는 천성이 그녀를 편안하게 했을 것이다.

그 친구처럼 나 역시 두드러지게 잘하는 것 하나 없이 살아왔다. 내세울 것이 없다고 해서 사는 데 별 지장이 있는 것은 아니었지만, 나이가 들면서 가끔씩 허전하고 쓸쓸할 때가 있다. 그럴 때마다 예전에 이웃에 살던 아주머니가 하시던 말이 생각난다.

"세상이라는 게 몇 사람의 잘난 이들이 끌고 가는 게 아니야. 우리 같은 잡동사니들이 있어서 굴러가는 거지. 쫄지 말고 살자구!"

그러고 보니 잡동사니 같은 나에게도 잘하는 게 아주 없는 것은 아니다. 크고 튼실해 보이는 신체 조건에 비해 운동 신경이 둔해서 걷거나 산에 오르는 것도 늘 처지기만 하는 내게, "어떻게 하면 그렇게 못할 수가 있을까?" 하며 심심찮게 놀리는 남편에게도 당당하게 큰소리 칠 수 있는 말이 있기 때문이다.

"당신, 나처럼 밥을 맛있게 지을 수 있어요?"

아하, 그러고 보니 자랑할 일이 어디 밥을 짓는 일뿐일까. 찾아내자면 소소한 일들이 적지 않다. 뜸하게나마 잊지 않고 안부 전화를 해주는 신실한 친구가 있고, 비록 몇 개 되지는 않지만 내가 정성껏 가꾸는 난이며 차나무 등의 화분들은 때맞춰 꽃을 피우고 새잎을 반짝이며 가족들을 기쁘게 하지 않았던가.

얼마 전에, 튀어나온 보도블록에 걸려 넘어져서 다친 적이 있었다. 생각보다 부상이 심해서 한 달 가까이 왼쪽 손목에 깁스를 하게 되었다. 일상생활조차 제대로 할 수 없을 때 많은 주변 사람들이 도와주었다. 김치를 담가주는 사람, 밑반찬을 날라 오는 사람, 뼈에 좋다고 한더위에 닭발과 갖가지 한약재를 넣고 푹푹 고

아 가져온 사람까지, 산처럼 큰 사랑의 빚을 졌다.

다치고 보니 평소에 몰랐던 왼손의 역할이 그렇게 크고 많은 줄을 미처 몰랐다. 오른손이 하는 일과, 오른손이 가는 곳에 거의 매번 왼손이 자동으로 쫓아가는 것이다. 무엇보다도 왼손이 오른손을 씻을 수 없을 때마다 수시로 남편의 손을 빌려야 했다.

'그렇구나. 그동안 나의 왼손이 바로 이 사람이라는 것을 모른 채 살았네.'

언제 어디서나 묵묵히 나의 모든 것을 지탱해 주는 사람이 남편이라는 사실이 새벽 공기처럼 선명하게 와 닿는다. 무뚝뚝하기만 하던 남편이 자진해서 해내던 장보기와 음식 자재들을 꼼꼼히 손질해 주던 일들까지, 일일이 다 풀어놓자면 깨알 같은 자랑에 하루해가 모자랄 것 같다.

임은수의 작품 세계

맑고 영롱하고 투명한 것들,
그리고 작은 일들

이 웅 재

(수필문학추천작가회 명예회장, 전 동원대학교 교수)

'박하향기'라는 필명을 지닌 임은수 씨의 글에서는 늘 박하향기가 난다. 소화를 돕는다 해서 요즘도 가끔 음식점 같은 데서 먹어 볼 수 있는 박하사탕, 순식간에 입속을 화하게 만들어서 정신이 번쩍 들게 한다. 그런데 임은수 씨의 글에서는 그와는 조금 다른 박하향기가 난다. 너무 강렬하지는 않은, 말하자면 약간은 은은한 내음의 박하향기, 시원스레 펼쳐진 잔잔한 파도를 머금고 있는 푸르디푸른 바다를 바라보는 느낌이라고나 할까?

사라져 가는 것들에 대하여

사라져 가는 것들은 소중하다. 사라져 가는 것들은 아름답다. 사라져 가는 것들을 보면 마음이 푸근해진다. 한편으로는 사라져 가는 것들을 보면 안타깝다.

임은수 씨의 수필집 ≪향기 나는 울타리≫에는 그미의 등단작

품인 '마음의 샘'에서부터 '물두멍'이나 '물품기' 등 요즘에는 흔히 들어볼 수 없는 낱말들이 등장한다.

> 그때는 물두멍이 여러 가지 구실을 했다. 여름이면 참외를 시원하게 띄워 두기도 하고, 음력 정이월에는 가래떡을 담가 두기도 하였다. 설을 쇠고 나면 어머니는 미끈한 가래떡 몇 개를 물두멍에 넣어 두었다. 군대에 가 있는 외아들을 생각해서였다. 그리고는 날마다 새 물을 갈아 넣으셨는데, 가래떡은 오빠가 휴가 나올 때까지 두어 달은 너끈하게 잘 간수되었던 것이다. –〈마음의 샘〉

냉장고에서 '억지로' 차가워진 음식들을 꺼내 먹는 것보다 물두멍에서 '자연적으로' 시원해진 참외나 가래떡을 조심조심 끄집어내어 먹는 맛을 젊은이들은 알 수가 없으리라. 날마다 새 물을 갈아 넣어서 두어 달은 너끈하게 간수되었던 가래떡에는 어머니의 정성과 사랑까지 듬뿍 담겨 있어서 마음마저 뿌듯해질 것이다.

> 해마다 애벌 논매기 할 무렵이면 '물품기'를 하였다. 물품기란 우물의 물을 모두 퍼내고 바닥까지 청소하는 것으로, 일 년에 한 번 무척 큰 행사였다.…
>
> 물이 거의 다 퍼 올려지면 한 사람이 양동이를 타고 우물 안으로

내려간다. 바닥에 쌓인 진흙이나 오물을 직접 치워내기 위해서다. 그 사람이 올려 보내는 양동이에는 진흙과 함께 아이 고무신짝이나 머리핀같이 자질구레한 것도 함께 담겨져 있었다. 바닥 청소가 끝나면 다시 양동이에 사람이 타고 올라 왔다. 구경하던 아이들은 '나무꾼과 선녀'에 나오는 나무꾼 같다며 웃곤 하였다. -〈마음의 샘〉

지금은 찾아볼 수 없는 풍경이다. '물품기'는 한 마을 사람들의 협동심은 물론이요, 아이들의 문학적인 상상력까지도 키워주던 행사였는데, '지금은 그곳에도 간이상수도가 설치된 지 오래'란다.

사라져 가는 풍물에 대해서도 이토록 안타까운 심정에 젖는데, 공해로 인해 대면해 보기가 힘들어지고 있는 작은 생명체에 대해서는 어찌 무관심할 수가 있을 것이랴! 어쩌다 친지 집에 갔다가 잡아온 논우렁이 열다섯 마리를 찌개에 넣지 않고 생구(生口)로 받아들였다가, 갓 태어난 새끼 우렁이들을 깊이 생각하지 못하고 하수구에 부어 버리고서는 '힘이 쭉 빠지는 기분'을 느끼고 그들을 산우렁이로 자라게 하려는 마음씨는 또 얼마나 고운 것이랴!

처음에 집으로 가지고 올 때처럼 남은 우렁이 열네 마리를 비닐 주머니에 넣어 가지고 아이들과 함께 산으로 갔다. 사람의 손을 덜 타도록 될 수 있는 대로 깊이 들어가서 우렁이를 넣었다. 일단은 낯선 곳에서 서로 의지하라고 모두 한자리에 놓고 모래흙을 덮어 주었다. 저희끼리 모여 살든지, 물살에 떠밀리다 적당한 곳에 자리를 잡든지 그저 오래오래 살았으면 좋겠다. −〈논우렁 산우렁〉

임은수 씨의 글을 읽노라면 문장 하나하나에서 아련한 추억이 피어오른다. 단어 하나하나에서 행복감이 묻어난다. 글자 하나하나에서 즐거움이 싹터 오른다. 노거수(老巨樹)의 위용과는 다른, 작지만 소중한 것의 사라짐을 안타까워하는 마음 때문일 것이다. 그미의 작품에는 아기자기한 것, 머물고 싶은 곳, 떠나기 싫은 곳, 편안한 곳, 그리고 순순한 것들이 등장한다.

큰 것만이 좋은 것은 아니다. 으리으리한 것만이 위대한 것은 아니다. 자그마한 물건, 자그마한 공간이라도 우리들의 마음속에서 지워지지 않는 것들이 있다. 그러한 것들이 그미의 수필을 값지게 만들어 준다. 씨앗은 아주 작다. 그러나 그것이 발아하여 자라서 거수(巨樹)가 되는 것이다.

맛의 보고(寶庫)

여성분의 글이라서 그럴까? 여기저기의 글에서 입맛을 돋우게 하는 '맛의 향연'이 펼쳐지고 있는 것도 그미의 글에 이끌리게 하는 하나의 요인이다. 묵은 된장 맛, 짭쪼름한 간장 맛, 매콤한 고추장 맛, 그리고 고소한 깨소금 맛, 게다가 무엇보다도 글 자체에서 풍겨 나오는 신선하고 산뜻한 맛들이 어우러져 푸짐한 잔칫상을 펼쳐놓는다.

> 대문을 활짝 열고 안마당에 햇밀짚으로 엮은 자리를 펼쳐 놓고 두레상을 옮겨 놓는다. 별미라도 하는 날은 가까운 거리의 작은집 식구나 옆집 할머니도 불렀다.…새 밀대자리에서는 알싸하니 마른풀 냄새가 났다. 그 위에 둘러앉아 우리는 땀을 뻘뻘 흘리며 밀장국을 나누어 먹었다. 애호박을 숭숭 썰어 넣고 약이 바짝 오른 고추도 다져 넣은 밀장국은 눈물이 핑 돌도록 맵고 뜨거웠다. –〈어머니의 꽃밭〉

'눈물이 핑 돌도록 맵고 뜨거운 맛'을 사람들은 왜 잊지를 못하는 것일까? 현실에서의 '맵고 뜨거운 맛'에는 고개를 절레절레 흔들면서 말이다. 다양한 맛은 다양한 삶을 체험하도록 만들어주는 매개물이기도 하다.

> 도중에 저녁밥을 먹기 위해 들렀던 한국인 식당에서는 무엇보다도 총각김치가 인기였다.…익을 대로 푹 익어서 한쪽 눈이 저절로 찡긋거릴 정도로 시큼한데도 사람들은 그릇 바닥에 남아 있는 국물까지

싹싹 긁었다.…종당에는 주인이 '우리 가족이 먹으려고 담근 것'이라 많지 않다며 아예 남은 김치를 통째로 내놓았다. 저, 못 말리는 한국인의 인심이라니! –〈퀸즈타운 가는 길〉

'한쪽 눈이 저절로 찡긋거릴 정도로 시큼한' 맛이 '한국인의 인심'을 대변해주게 되었다니 놀랍지 아니한가? '맛'이 '인심'으로까지 변모되어 가고 있음을 보면서, 앞으로는 입으로 들어오는 음식들을 그냥 배를 불리기 위한 수단으로만 여겨서는 안 되겠다고 생각해 본다.

동당거리며 후닥닥 차려낸 저녁밥상의 된장찌개는 그야말로 맛이 일품이었다. 멸치 우린 국물에 노랗게 잘 익은 된장을 풀고 금방 딴 호박잎, 익으면 포슬포슬 입안에 녹듯이 부서지는 감자, 그리고 국물 맛을 부드럽게 하는 양파가 들어갔으니 어찌 제맛이 안 나겠는가. 거기다 약이 바짝 오른 풋고추까지 송송 썰어 넣어서 매콤한 향기가 입맛을 돋우었다. –〈외암리에서 보낸 하룻밤〉

'동당거리며' 차려내다, '포슬포슬 입안에 녹듯이 부서지'다, '송송 썰어 넣'다. 얼마나 맛깔스러운 표현들인가? 그 묘사적 설명에서 우리는 벌써 맛에 취해 버리고 만다.

'맛'은 모음 하나만 바꾸면 '멋'이 된다고 한다. 이러한 '맛'에 대한 표현들은 아는 듯 모르는 듯 그대로 임은수 씨 수필의 '멋'으로 탈바꿈을 하고 있는 것이다.

상추나 쑥갓과 함께 쌈으로 먹거나 겉절이를 해 먹어도 좋고, 살짝 데쳐서 무쳐 먹어도 그 맛이 각별하다. 미나리의 상큼함과 민들레의 쌉쌀한 맛이 봄날의 나른함을 날려 버린다. 해서, 봄이 되면 나는 가끔 씀바귀와 함께 민들레 잎 겉절이를 해놓고 남편에게 슬쩍 한마디 던진다.

"당신 쓴맛 한번 볼래요?" -〈날 보러 와요〉

그런 '쓴맛'이라면 어느 남편이 마다할 것이랴! 쓴맛, 만세다. 쓴맛의 반대 맛은 '단맛'일 것인데, 사람 중에는 그 못된 '단맛'만을 좋아하는 사람들만 그득한 세상이니, 세상사, 참 알다가도 모를 일이다.

반으로 쪼개면 한 끼에 먹기 좋을 만큼 자그마한 꼬맹이 배추일망정 개나리 꽃잎처럼 샛노란 속을 품고 있다. 꽃보다 더 예쁘고 사랑스럽다. 한 잎 뚝 떼어서 입에 넣어본다. 맵싸하고 알싸함 속에서 달금하고 고소한 맛이 배어난다. -〈소금 반 가마니〉

'맵싸하고 알싸함 속에서 달금하고 고소한 맛'이 배어난다고 했는데, 도대체 어떠한 맛이 그러한 것인지 먹어 보고 싶다. 표현 자체가 너무나도 감칠맛이 난다.

피천득의 〈수필〉에서 맛볼 수 있는 '청자연적' 같은 맛만 수필의 맛이 아니다. 윤오영의 〈달밤〉의 맛은 또 다르다. 《隨筆》을 '붓 가는 대로' 쓰는 글이라고들 한다. 그런데 '붓'은 마음을 따라 가는 것이다. 그러니 수필은 마음을 따라 가면서 쓰는 글일 수밖에 없다. 바로 이러한 '맛의 다양성'을 따라 쓰는 글이 바로 수필이라는 생각이다.

맑고 영롱하고 투명한 것들, 그리고 작은 일들

호수를 배경으로 찍는 사진기 속에는 서던 알프스 산맥(Southern Alps Mt.)의 산봉우리들이 만년설을 이고 따라다닌다. 70km도 넘는 먼 거리라는데 워낙 공기가 깨끗해서 저토록 잘 보이는 것이란다. 공중에 돋보기를 들이대고 들여다보아도 먼지 하나 찾을 수 없을 것처럼 맑다. -〈퀸즈타운 가는 길〉

'돋보기를 들이대고 들여다보아도 먼지 하나 찾을 수 없을 것처럼 맑다'는 말은, 읽는 사람들의 마음마저 깨끗하게 정화시켜 주고 있는 느낌이다.

돌아보면 사실 큰 일보다는 작은 일들이 훨씬 더 많이 우리의 생을 빛나게 해줍니다.

아이들의 해맑은 웃음소리, 때마침 걸려오는 반가운 이와의 전화 한 통화, 새로 장만한 예쁜 찻잔이나 갓 피어난 풍란의 하얀 꽃송이 서넛…. 손으로 꼽아 보면 이루 말할 수 없이 많은 작은 일들이 우리들 가슴을 뛰게 하고 환하게 해줍니다. -〈풍란 꽃송이 서넛〉

세상살이를 하면서 겪게 되는 작은 일들은 얼마나 많은가? 그러한 일들이 우리의 일상을 엮어나가게 만들어 주는 것인데, 임은수 씨는 그러한 것들 하나하나가 '우리들 가슴을 뛰게 하고 환하게' 만들어 주는 것이라고 한다. 그미의 일상은 그러니까 늘 가슴이 뛰고 환한 느낌으로 가득 차 있을 것이다.

하나의 글에서 그 첫인상은 첫 문장이 담당한다. 첫 대문에서 재미나 흥미를 유발시키지 못하면, 곧 관심을 끌지 못하면, 그 글이 아무리 좋고 훌륭한 내용의 글이라 할지라도 독자들은 눈길을 돌린다. 읽혀지는 글을 쓰고 싶으면 첫 문장에 많은 시간을 투자해야 한다. 한 사람의 독자밖에 필요하지 않는 '연애편지'에서도 그 첫 문장을 되는 대로 써버리는 일은 없다.

때로는 첫 문장 대신 글의 제목에다가 그 임무를 부여시킬 수도 있을 것이다. '너희는 달걀도 껍데기째 먹니?'라는 글이 이에 해당한다.

"너희는 달걀도 껍데기째 먹니?"

뷔페로 나오는 아침식사 때 사람들이 삶은 달걀을 몽땅 집어가는 걸 두고 비아냥대는 말이란다. 인원이 30명이면 보통 삶은 달걀이 50개쯤 나오는데, 사람들이 가고 나면 달걀 껍데기는 얼마 없는데도 바구니가 텅 비어 있다는 것이다. -〈너희는 달걀도 껍데기째 먹니?〉

그미의 가족들에 대한 사랑

세상에! 이 양반이 내 엄마 맞는가.

젊은 날, 우리 다섯 남매에게 당신의 키를 떼어주시느라 겨우 내 가슴 치밖에 남지 않은 것일까. 내 어머니의 몸피가 열두어 살 아이들만큼 작아져 있었다. 집안에서 보던 모습과 달리 휑뎅그렁한 광장 한구석에 홀로 막막하게 서 계신 모습은 가슴이 철렁하도록 작고 낯설었다. -〈물빛 그리움〉

어려서 보았을 때의 우리 어머니 아버지는 대부분 세상에서 가장 든든한 버팀목이었고 모든 일을 다 해결해 줄 수 있는 만능해결사였다. 그런데 그분들의 참모습은 저처럼 '가슴이 철렁하도록 작고 낯설었'던 것이다. 뒤늦게 그런 모습을 감지한 임은수 씨는 '은하수에 입 맞추다'라는 글에서 "발아래서 빨래의 구김살이 반드럽게 펴지는 것처럼 어머니의 고단한 얼굴도 곱게 펴질 수 있었다면 얼마나 좋을까."라며 아주 소박한 소망 하나를 피력한다.

그리고는 딸 생일 한 번 잊었다가 뒤늦게야 알아채고는 한밤중에 닭을 잡아 후다닥 끓여 내셨을 어머니를 기억 속에서 불러낸다.

> "아이구, 얘야! 내가 네 생일을 깜빡했구나. 어째 그렇게 정신이 없는지. 글쎄, 자려고 드러누웠는데 갑자기 생각이 나지 뭐냐! 큰일 날 뻔했다 얘."…
>
> 깜빡했던 딸의 생일이 생각나자마자, 두 양반이 서둘러 닭을 잡아서 가마솥에 넣고는 싼 불로 후다닥 끓여 내셨을 터이다. 막내딸 생일 한 번 잊은 게 뭐 그리 큰일 날 일이라고. –〈솔베지의 노래〉

그미의 어른스런 말 한 마디. "막내딸 생일 한 번 잊은 게 뭐 그리 큰일 날 일이라고." 그러나 그건 몰라서 하는 소리다. 혹시 아버지라면 모를까, 엄마가 어찌 제 배 아파 낳은 자식의 생일을

까먹는다는 말인가? 자기 생일은 까먹어도 자식 생일은 까먹지 않는 법이다.

자신을 낳아준 이는 어머니이고 자기가 태어난 곳은 고향이다. 때문에 가끔씩은 어머니와 고향이 동일시되기도 한다. 그미의 고향은 어떤 모습일까?

> 고향집이 있던 곳은 한적한 산비탈 아래다. 뒤곁에 대숲이 있어서 청정한 바람이 사철 드나들었다. 마당가에는 땅의 보조개처럼 빛나던 샘물을 두고, 그 위로 귀여운 열매를 손자 녀석처럼 키워 가던 늙은 감나무 한 그루가 지켰다. –〈겨울의 소리〉

누구나 가지고 싶은 고향의 모습이다. '한적한 산비탈 아래', '청정한 바람이 사철 드나들었다'고 했지만, 햇빛도 잘 들었을 것이다. '마당가에 샘물이 있는 집'은 흔치 않을 터, 그런 집에서 생활했던 임은수 씨는 정말로 행복했던 어린 시절을 지냈다고 하겠다. 샘물이 솟는 모양은 보통 '퐁퐁퐁'이라는 의태어로 표현한다. '퐁퐁퐁'이라는 것은 얼핏 의성어인데 말이다. 그만큼 의미가 확장된 것이다. 그런 고향이 그리워서 작자는 '시골 마을 어디쯤, 산 아래 조그만 텃밭과 남으로 향한 아담한 집을 한 채 갖고 싶다.'고 한다.

시골 마을 어디쯤, 산 아래 조그만 텃밭과 남으로 향한 아담한 집을 한 채 갖고 싶다.…밖에서도 들여다 볼 수 있게 사계절에 맞춰서 알록달록 예쁜 꽃을 심어야지.…

내 집안에 심는 꽃만 말고 길가나 동네 빈터에도 갖가지 꽃을 가꾸고 싶다. -〈내 발바닥의 쇠뜨기〉

꽃은 '아름다움'의 대명사다. '알록달록 예쁜 꽃을 심어야지' 하는 마음은 그대로 아름다운 마음을 가졌다는 뜻이기도 하다. '내 집안에 심는 꽃만 말고 길가나 동네 빈터에도 갖가지 꽃을 가꾸고 싶다.'고까지 한다. 마음씨가 아름답기만 한 것이 아니라 착하기도 하다.

〈고향〉은 다시 어린 시절의 추억을 불러오는 매개체, 그미는 어느덧 어린 시절로 되돌아간다.

대여섯 살쯤의 일이다. 뒤란에서 세수를 하다 보니 언덕 위에 집채만 한 구름이 걸려 있다. 나는 구름을 퍼 담으려고 세수 대야를 들고 쫓아 올라갔지만, 구름은 어느새 하늘로 더 높이 올라가 있었다. 그 일이 우리 집에서는 두고두고 얘깃거리가 되었다.…그때마다 머쓱한 나를 보며 아버지는 허허 웃기만 하셨고 나중에는 나도 덩달아 웃어 버렸다. -〈푸른 언덕이 그리운 날〉

‘세숫대야에 구름을 퍼 담으려고 했던 소녀’, 어려서부터 문학적 감수성이 남달랐던 모양이다. 흘러가는 구름을 퍼 담지 못한 것이 원통해서 통곡을 하던 임은수 씨는 구름이 흘러가듯 세월도 흘러가서 어른이 되었다. 허허 웃기만 하시던 아버지처럼 이제는 지난날의 추억을 되새기며 어린 시절을 그리워한다. ‘오아시스 오알와이’에서는 꽃구름처럼 감겨진 연분홍빛 솜사탕을 두고 ‘먹으면 먹을수록 허기가 들었다’고도 했다. ‘혀에 닿기가 무섭게 녹아 버리’고 말기 때문이다.

‘오아시스 오알와이’에 등장하는 자전거, 솜사탕, 나팔, 맹감떡, 딱총 소리…. 모두가 아련한 추억을 불러다 주는 단어들이다. 그리고 구름이 변하듯 그미의 마음도 성숙해졌다.

임은수 씨에게 비쳐진 그미의 아버지는 어떤 모습일까. 그미가 어렸을 때 아버지는 ‘여름 낚시를 무척 즐기셨’고 막내인 그미는 ‘자주 아버지의 낚시 길에 따라 다녔다’고 했다. 그미는 “맥고모자에 긴 대나무 낚싯대를 어깨에 걸치고 들풀이 우거진 수로를 따라 휘적휘적 걸어가시던 아버지의 모습이 눈에 선하다.”고 회고한다. 어떻게 보면 세상사에 얽매이지 않은 ‘초탈한 모습’처럼 여겨진다. 그런데 다음 대목을 보면 ‘극기하는 사람의 자세’라고 하였다.

삼복더위에 공복도 잊은 채 낚시에 깊숙이 빠지셨던 아버지의 그 몰아(沒我)에 대해서는 알 것 같기도 하다. 나도 세상살이에 조금 익숙해질 나이가 되어서일까. 한여름 땡볕 아래서 미동도 없이 앉아 계시던 아버지의 모습은 바로 극기하는 사람의 자세였다는 생각이 드는 것이다. −〈여름 이야기〉

그런가 하면 '아버지의 기침 소리는 동네에서도 유명했다'면서, "아버지는 겉으로는 엄하게 보였지만 안으로는 따뜻하고 잔정이 많으셨다"고도 했다. 아버지에 대한 평가는 이처럼 다양한 '빛띠'를 보인다. 그미가 보는 아버지란 그러한 모든 이미지를 수렴하는 존재였던 것이다.

아버지의 기침 소리는 동네에서도 유명했다. 인기척을 내야 할 때면 꼭 헛기침을 하셨는데, 그 소리가 강하면서 아주 독특했다. 평소에 식구들은 기침 소리의 길고 짧음이나 높낮이에 따라 아버지의 심기를 헤아리곤 하였다.…

아버지는 겉으로는 엄하게 보였지만 안으로는 따뜻하고 잔정이 많으셨다. −〈겨울의 소리〉

그러한 아버지였기에 '한 치 앞도 보이지 않을 만큼 캄캄'한 퇴근길에 '제 발소리에 놀라 가슴이 철렁해지기도' 하던 그미는 마중 나와 계시던 아버지의 '나다' 하시는 한마디에 그만 마음을 놓았던 것이리라.

금방 땅거미가 진 길은 한치 앞도 보이지 않을 만큼 캄캄했다. 인가에서 떨어진 길을 혼자 걷노라면 어렸을 때 들었던 무서운 이야기도 생각나고, 제 발소리에 놀라 가슴이 철렁해지기도 한다. 그럴 즈음 저 만치서 아버지의 기침 소리가 아버지보다 먼저 마중을 나왔다. 그 때 아버지의 "나다." 하시던 한마디가 얼마나 나를 마음 놓이게 했던가. -〈겨울의 소리〉

다음은 남편 차례이다.

"두 분은 생전 부부싸움 안 하시지요?"하고 묻는 동네 슈퍼마켓 안주인의 물음에 그미는 대답한다. "아이고, 우리는 사흘돌이로 싸워요."

그미는 매사 꼼꼼하고 빈틈없는 남편에 비하면 일상에서 작은 실수가 잦다 보니 늘 열세에 몰리는 처지라서, 어느 날 "남편이 자동차 창유리 올리는 것을 잊고 들어왔을 때는 오히려 고소하기까지 하였다."고 실토한다. 그러나 부부싸움에서 패한 상황을 놓고서 하는 말을 보면 어떻게 저렇게 속내가 깊을까 하는 감탄을

금치 못하게 한다.

요즘에 와서는 그때 그렇게 끝나서 다행이라는 생각이다. 내 속 시원하자고 연습했던 말 다 퍼부었더라면 상황은 엉뚱하게 악화되었을 것이다.…그렇다고 내가 영 말을 못하고 사는 것도 아니다. 다만 맛깔나게 할 줄을 몰라서 그렇지, 남편의 말에 의하면 내가 하고 싶은 얘기는 신혼 초부터 다하고 산다는 것이다.

그러고 보니 그동안 내가 잘 참아서 조용한 부부인 줄 알았더니 그게 아니었나 보다. –〈조용한 부부〉

끝 부분을 다시 가만히 읽어보니, '은근슬쩍' 던지는 말이 이건 어마어마한 남편 자랑이었다. 잘못하면 팔불출 축에 속할 수 있는 이와 같은 표현을 점잖게 에둘러서 할 수 있다는 것은 남편에 대한 전적인 '신뢰' 없이는 불가능하다는 생각이다.

조금 길지만 '나의 숨어 있는 왼손'을 인용해 본다. 여기서 그미는 실토한다. "깨알 같은 자랑에 하루해가 모자랄 것 같다"고.

얼마 전에, 튀어나온 보도블록에 걸려 넘어져서 다친 적이 있었다. 생각보다 부상이 심해서 한 달 가까이 왼쪽 손목에 깁스를 하게 되었다.…

왼손이 오른손을 씻을 수 없을 때마다 수시로 남편의 손을 빌려야 했다.

'그렇구나. 그동안 나의 왼손이 바로 이 사람이라는 것을 모르는 채 살았네.'…

무뚝뚝하기만 하던 남편이 자진해서 해내던 장보기와 음식 자재들을 꼼꼼히 손질해 주던 일들까지, 일일이 다 풀어놓자면 깨알 같은 자랑에 하루해가 모자랄 것 같다. –〈나의 숨어 있는 왼손〉

'숨어 있는 왼손'이 남편이었다는 말인데, 어디 왼손뿐이랴? '부부일심동체'라는 말이 빈말은 아닌 듯하다는 것을 그미의 글을 통해서 보다 명확하게 알게 되었다.

이제는 그미의 아들을 만날 차례다.

어머니만큼 아들을 사랑하는 사람이 어디 있을까? 그런 어머니의 입장에서 아들에게 열 손가락 안에도 들지 못한다는 생각을 하게 된다면, 그 심정은 과연 어떤 것일까?

오늘 점심까지 제 누나와 함께 하기로 했다니 엄마인 나는 열 손가락 안에는 들어가지도 못하나 봐요. 4박 5일, 오늘 오후에 귀대한다네요. 제 누나와 함께 점심 식사를 한 후에 잠깐 집에 들렀다 간다니 그때나 되어야 엄마 차지가 되려나봅니다. 몇 시간도 아니고 대체

몇 분 정도나 함께 보낼 수 있을는지요. –〈내 순서는 몇 번째인가〉

세상 모든 어머니들이 그렇듯 임은수 씨도 천상 어머니였다. 위의 인용문에 이어지는 다음 대목을 보면, 아들에게 자신이 열 손가락 안에 들지 못해도 좋다고 한다. 왜? 자신을 그만큼 믿기 때문에 '다른 사람들에 대한 배려를 먼저 한 것'이라고 생각하기 때문이란다. 어머니의 웃음 속에는 이와 같이 더 없이 고귀한 웃음도 있다는 것을 잊어서는 안 되겠다.

임은수 씨는 최소한도 하루에 한 번씩은 가족을 생각하는 시간을 가진다고 한다. 쉽지 않은 일이다.

오래 전, 성당에 새 신부님이 오시면서 신자들과 한 가지 약속을 하셨다.

"저녁 아홉 시가 되면 여러분은 성호만 그리세요.…제가 여러분을 위하여 기도하겠습니다."

그날 이후 내 휴대 전화기에는 밤 아홉 시 정각에 알람이 설정되고, 이 전화기는 같은 시각에 하루도 거르지 않고 날 불러내어 가족에 대한 생각을 일구어 준다. –〈밤 아홉 시의 약속〉

가족 관계에서 살펴 본 바로서도 이미 짐작을 할 수 있었듯이 임은수 씨는 누구보다도 인정이 많은 사람이다. 가족을 벗어난 사람들과의 관계에서도 그런 점은 쉽게 증명이 된다. 두 해가 넘도록 서로 상대방의 홈페이지에 들러 글만 주고받았을 뿐, 한 번도 만난 적이 없는 사람이 불쑥 찾아갔는데도, 단번에 알아보아 주는 사람이 있기까지 한 것이다.

> "혹시 임은수 님이세요?"
>
> 소설가 ○○녀다. 그녀는 예고도 없이 찾아간 사람을 한눈에 알아보았다. 누가 먼저랄 것도 없이 우리는 서로를 얼싸안고 만남을 기뻐하였다. 자굴산의 맑은 공기에 씻겨서일까. 그녀의 눈망울이 참 깨끗하다. -〈자굴산 그녀〉

자연은 자득으로 깨우치게 되는 것

임은수 씨의 작품 첫 대목은 자연현상이나 계절 감각으로 시작되는 경우가 많다. 이 수필집에 실린 46작품 중 16작품이 그런 경우이니 대략 전체의 1/3 정도에 해당하는 작품들이 그랬다.

이러한 서두는 작품의 방향을 우리네 삶의 기미(機微)로 옮겨가기에 적합한 기제(機制)가 될 수가 있다. 자연을 말하면서 그러한 소재들을 은연중 우리들 인생살이로 접맥시켜 나가는 글이 많은 것은 바로 이러한 연유에서이다.

여름밤은 나에게 추억의 창고에 가득 채워진 별빛 이야기보따리다. 세월을 뒤로 돌려서 한 발 한 발 나아가면 열두어 살까지의 어린 내가 보냈던 여름밤 풍경이 펼쳐진다. –〈은하수에 입 맞추다〉

자연은 우리에게 많은 것을 가르쳐주는 스승이라는 점은 새롭게 말하지 않아도 모두들 인정하고 있을 터이다. 자연은 우리에게 억지로 가르치지는 않는다. '자연(自然)'이라는 말의 뜻은 '스스로 그러함'이다. 그러니까 자연에게서 배우는 우리 인간들도 '자득(自得)'으로 깨우치게 되는 것이 당연하고, 그렇게 '스스로 깨달아 얻은' 것은 쉽게 잊히지 아니하고 우리들 마음속에 커다란 반향(反響)을 일으키며 오래도록 선명하게 자리 잡게 된다.

산을 오르는 것도 일종의 기능이라서 꾸준히 반복하고 훈련을 하다 보면 능숙해 진다고 하더군요. 사람이 살아가는 길도 다시 가 볼 수가 있어서 훈련과 연습이 가능하다면 얼마나 좋을까요. 그렇게 되면 지나간 잘못도 바로잡을 수 있고, 그만큼 시행착오도 적어질 테니까요.

어쩌면 우리가 산다는 것은 산을 오르는 일과 같은 것인지도 모르

겠습니다. -〈풍란 꽃송이 서넛〉

세밀한 묘사와 참신한 비유가 돋보이는 글들

초록이 한창인 여름이면 풀들이 어린 아이 어깨 높이만큼 자라서 바람에 너울거렸다. 사느랗고 부드러운 바람이 얼굴을 스칠 때면, 마치 보이지 않는 얇은 천이 살랑거리는 것 같았다. 간지럽기도 하고 사탕 하나를 다 녹여 먹은 뒷맛처럼 감미로운 느낌이 들었다. 나는 걸음을 멈춰 서서 두 팔을 벌리고, 고개를 한껏 뒤로 젖힌 채 깊은 숨을 들이마신다. 그러다가 후다닥, 앞장서서 뛰어가곤 하였다. 뒤에 오시는 엄마의 눈에는 풀숲 사이로 팔랑팔랑 날리는 어린 딸의 단발머리만 보였을 것이다. -〈산밭〉

'사느랗고 부드러운 바람', 그런 바람은 아마 천 근 무게에 짓눌리던 무거운 마음을 가졌던 사람이라도 금방 '살랑거리는' 가볍디 가벼운 마음으로 바뀌고 말 것만 같다. '간지럽기도 한 감미로운 느낌'은 또 어떻게 하여야 가져볼 수가 있을까? '팔랑팔랑 날리는 단발머리'를 그려보면 저절로 그 느낌 속으로 빨려 들어가는 듯하다. 임은수 수필의 특장점 하나가 이러한 표현 속에 녹아 있다고 하겠다.

아젤리아는 생장 조건만 맞으면 바늘처럼 가느다란 가지 끝까지 빼놓지 않고 꽃이 핀다. 꽃에 비해 가지는 얼마나 약한지 그야말로 눈만 흘겨도 부러질 정도다. 지나가다가 살짝 건드리기만 해도 꺾이기를 잘해서 몹시 마음 아프던 적이 한 두 번이 아니다. –〈꽃보다 더 아름다운〉

'눈만 흘겨도 부러질 정도'라니? 얼마나 멋진 과장법인가? 아젤리아를 알뜰살뜰 사랑하는 마음이 저절로 이와 같은 귀한 표현을 얻을 수 있게 한 것이 아닐까? 대상을 사랑하면 표현도 살아나게 마련이다.

특히 봄을 좋아하는 작자

봄은 특히 여자들이 좋아하는 계절이라고 했다. 한 해가 시작되는 봄, 앞으로 일어날 일들을 상상해 보며 즐거워하는 것은 여인들의 특권인 모양이다. 사내들은 툭하면 '왕년에는…', '소싯적엔…' 하는 말들을 입에 달고 산다. 지난날을 침소봉대하는 것은 앞으로 다가올 일을 허풍을 섞어 과장하는 것보다는 덜 위험한 일이다. 사나이라고 으스대는 족속들은 실은 그처럼 소심한 존재들인 것이다. 그래서 남자들 대부분은 가을을 좋아한다.

음력 정월 대보름이 지나면 사방에서 봄의 기척이 감지된다. 갓 담근 나박김치 속에 동동 떠 있는 미나리 순이나 배추 고갱이 한 조각, 봄물 같은 하늘이며 투명한 공기가 사람의 마음을 살짝살짝 흔들어 놓는다.…불쑥, 지방에서 근무하고 있는 남편에게 가고 싶어졌다. -〈어느 화창한 봄날에〉

'갓 담근 나박김치 속에 동동 떠 있는 미나리 순이나 배추 고갱이 한 조각'에서도 봄의 기척을 느낀다. 밖으로만 나가고 싶다. 봄이 불러내는 것이다. '남편에게 가고 싶어'진다. 어느새 봄은 남편으로 둔갑을 했다. 봄은 그렇게 요술쟁이라서 '사람의 마음을 살짝살짝 흔들어 놓기를 잘한다.

"봄이 왔구나!"…

"엄마! 봄이 어디 있는데?"

"어디 있기는, 왼 천지가 다 봄이구먼!"

온 천지가 다 봄이라는데 아무리 둘러보아도 내겐 봄이 보이지 않았다. 금방 벌판 끝에서 미끄러지듯 사라져간 기차가 다 싣고 가버렸을까. -〈꽃과 술 그리고 나비가 있는 추억〉

어머니들은 눈으로 확인하지 않고도 봄이 와 있음을 안다. 그러나 아이들은 혹시라도 '벌판 끝에서 미끄러지듯 사라져간 기차가 다 싣고 가버'린 것은 아닌지 긴가민가하다.

이제 나이가 좀 들었다. 봄이 스스로 다가온다. '부드럽게 얼굴을 감싸고 목덜미를 간질이며 마음까지도 훈훈하게 어우르'(봄앓이 중 새봄)면서 제 쪽에서 작자에게 다가오기도 한다. '봄앓이'까지 하면서 봄을 좋아하지만, 가을도 버릴 수 없어 마음까지도 '흠뻑 단풍이 드는 것 같다'고 말하고 있는 것을 보면 임은수 씨는 욕심쟁이임에 틀림이 없어 보인다. 너그럽게 '사람의 마음도 기꺼이 담아낼 수 있'는 욕심쟁이 말이다.

> 내 눈 안에, 내 마음 안에 저 맑은 하늘을, 타오르는 저 가을 잎을, 골짜기마다 흔들고 지나가는 저 서늘한 바람 소리를 담아 내보자. 뿐만 아니라 사람의 마음도 기꺼이 담아 낼 수 있어야 한다. 거기 더할 수 없는 너그러움까지 포함한다면, 사람 사이가 얼마나 부드럽고 편안해질 것인가.
>
> 이 가을에는 내 마음에도 흠뻑 단풍이 드는 것 같다. -〈내 마음에도 단풍)〉

소재의 확충을 바라며

임은수 씨는 모든 대상에게 남다른 애정을 가지고 있는 사람이다. 해서 그미의 글에 등장하는 모든 대상은 행복하다. 그런데 그 행복을 느낄 수 있는 대상이 좀 더 많아졌으면 하는 바람이다. 한마디로 소재의 확충을 바란다는 말이다.

풍부한 감성의 소유자요, 자연스럽게 맛깔스런 표현을 할 줄 아는 그미의 글에 등장하고 싶어 하는 허다한 사물들을 소중하게 거두어주기를 바라는 마음에서다.